PREFÁCIO

Muito me honra o convite para prefaciar mais um livro do Professor Doutor Luiz Augusto Lima de Ávila. Posso dizer que tenho dois grandes motivos para me sentir honrado: o primeiro deles se justifica pelo fato do autor da presente obra ser – que afirmo sem receio de errar – um dos maiores estudiosos e conhecedores da *lógica jurídica* no Brasil; o segundo motivo é que o trabalho aqui prefaciado versa sobre um tema significativo para o atual estágio da Ciência Jurídica, qual seja, o confronto entre o chamado *métodos antigo* e *moderno*, ou melhor, o confronto entre a forma de argumentação tópica (aplicável aos discursos dialético e retórico) e a cartesiana.

No Direito, tal confronto foi muito bem representado pelas pesquisas de Theodor Viehweg, que, por sua vez, não deixou de se apoiar em pensadores da antiguidade grega (Aristóteles) e romana (Cícero), assim como na Idade Moderna (Vico), isso tudo, para justificar a aplicação da tópica à Ciência Jurídica – que nomina de *Jurisprudência* ou, na língua do jurista alemão, *Jurisprudenz*.

É justamente nessa linha que Luiz Augusto Lima de Ávila, valendo-se de sua ampla experiência no ensino do tema, propôs o presente livro.

Trata-se, na verdade, de um estudo essencial para compreensão de vários temas instigantes e atuais do Direito contemporâneo, tais como o positivismo jurídico, a *nova* retórica de Perelman e, sobretudo, como dito, a tópica jurídica de Viehweg.

Para tanto, o Prof. Dr. Luiz Ávila passou pelas diferenças entre a verdade e a opinião (*doxa*), pelos discursos aristotélicos (apodítico, dialético, retórico e poético), pelo resgate da tópica aristotélica e ciceroniana proposto por Theodor Viehweg, pela nova retórica de Chaïm Perelman, para, finalmente, chegar à lógica abdutiva, a dogmática e a zetética viehweguiana, a dialógica como teoria retórica da argumentação, bem como à semiologia de Charles Peirce.

Apesar de tratar de temas complexos, o autor do presente trabalho escreve seu texto de forma simples e acessível, permitindo a iniciação daqueles que se interessam pelo tema. Trata-se de um livro que, por tais características, pode assumir a função de *manual* das disciplinas de Lógica Jurídica, Filosofia do Direito, Hermenêutica e Argumentação Jurídica, todas elas, presentes na maioria dos cursos de graduação em Direito no país.

Não posso deixar de dizer que, alguns anos antes de redigir o presente prefácio, tive a oportunidade de ler e reler este trabalho, porquanto o mesmo, quando ainda em formato de dissertação de mestrado, serviu-me de fonte bibliográfica para pesquisa de doutoramento, daí o porquê do convite prefacial ganhar, para mim, especial sabor.

Luiz Augusto Lima de Ávila

A NATUREZA DO CONHECIMENTO JURÍDICO ENTRE CIÊNCIA E PRUDÊNCIA:
a lógica abdutiva e a fundamentação do Direito em Theodor Viehweg

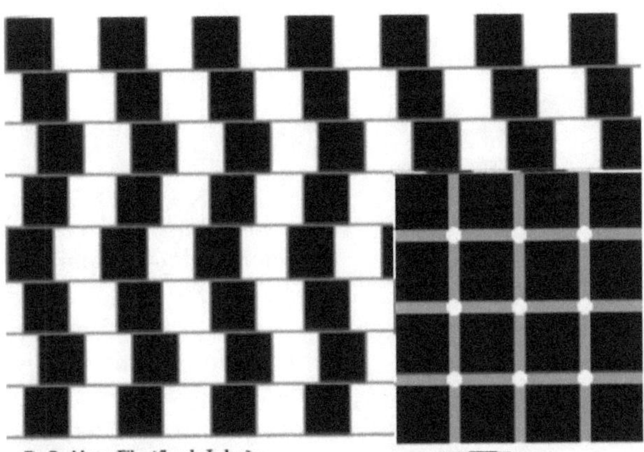

Do Problema Filosófico da Indução
Esses feijões são daquela saca.
Esses feijões são brancos.
Logo, todos os feijões daquela saca são brancos.

À Abdução
Todos os feijões daquela saca são brancos.
Esses feijões são brancos.
Logo, esses feijões são daquela saca.

Justificamos a Dedução
Todos os feijões daquela saca são brancos.
Esses feijões são daquela saca.
Logo, esses feijões são brancos.

Tanto quanto Justificamos a Dedução
Você deve manter as suaspromessas.
Essa é uma das suas promessas.
Logo, você deve manter essa promessa.

2021

*"quando meus filhos crescerem, castigai-
os, atormentai-os com os mesmíssimos
tormentos que eu vos infligi, se achardes
que eles estejam cuidando mais da
riqueza ou de outra coisa do que da
virtude; se estiverem supondo ter um
valor que não tenham, repreendei-os,
como vos fiz eu, por não cuidarem do que
devem e por suporem méritos, sem ter
nenhum. Se vós o fizerdes, eu terei
recebido de vós justiça; eu, e meus filhos
também. (...) Bem, é chegada a hora de
partimos, eu para a morte, vós para a
vida. Quem segue melhor rumo, se eu, se
vós, é segredo para todos, menos para a
divindade."*. (PLATÃO. Diálogos:
Defesa de Sócrates. 2002. P. 38)

A leitura do presente livro não é somente recomendável, mas – mais do que isto - *essencial* para se compreender o Direito enquanto *linguagem normativa*, afinal, baseado no raciocínio do saudoso processualista baiano Calmon de Passos, podemos formular a seguinte pergunta: *o que é o direito, senão linguagem?*

Parabenizo o autor e a editora pela publicação de uma obra de tamanha qualidade!

Dhenis Cruz Madeira
Doutor em Direito Processual pela PUC Minas.
Coordenador do Curso de Direito da PUC Minas Contagem.
Professor na graduação em Direito da Faculdade Mineira de Direito da PUC Minas.
Professor em pós-graduação em Direito da Faculdade Mineira de Direito da PUC Minas.
Advogado e Membro da Comissão de Articulação e Acesso ao CNJ da OAB/MG.

Sumário

1 INTRODUÇÃO

A motivação para a investigação do tema em questão é originada pelas dúvidas adquiridas através do estudo de um dos mais relevantes e controversos temas em Filosofia do Direito: a determinação da natureza do conhecimento jurídico. Este tema, dada a generalidade pertinente a uma teoria do conhecimento, é dimensionando na perspectiva de THEODOR VIEHWEG que, em "Tópica e Jurisprudência" e em "Tópica e Filosofia do Direito", resgata aspectos do pensamento jurídico que, até então, haviam ficado, por séculos, à margem da cientificidade da ciência jurídica.

Theodor Viehweg retoma a questão do método jurídico à luz da experiência grega e romana, com a tópica aristotélica e a tópica ciceroniana, respectivamente, e, paralela a exigência de convergência entre estabilidade e flexibilidade a partir da antinomia entre dogmática e zetética, agrega a proposta de conciliação, de Gianbattista Vico, entre o método antigo (retórico ou tópica) e o método moderno (crítico cartesiano) como um condição indispensável para a perfeita utilização do método crítico cartesiano.

A partir de então, acentuando a diferença entre empirismo, como experiência do passado, e pragmática, como experiência pro futuro, pressupostas as tessituras da contemporaneidade, busca atualizar o método jurídico com os instrumentos contemporâneos da lógica, da teoria da comunicação e da linguística.

Entre muitos, THEODOR VIEHWEG e CHAÏM PERELMAN, a partir da década de 50, estabelecem as bases para as teorias da argumentação jurídica contemporânea. Os mesmos guardam semelhança não só pela relevância dada ao tema, mas, também e principalmente, pelas soluções dadas aos problemas dos quais tomam como ponto de partida. Soluções, estas, que se encontram vinculadas à tópica aristotélica.

A natureza do conhecimento jurídico, para esta investigação e nisso convergindo CHAÏM PERELMAN e THEODOR VIEHWEG, não é o resultado de uma subsunção do fato à norma, nos moldes do silogismo clássico, de origem aristotélica, mas, também, um raciocínio tópico, que coloca em evidência o problema que clama por uma solução.

Da inteligibilidade das teorias de THEODOR VIEHWEG e CHAÏM PERELMAN, destacam-se duas diretrizes que convergem como perspectiva crítica e como perspectiva construtiva, ambas com fundamento na linguística. Na perspectiva crítica, tanto a tópica de Viehweg quanto a "nova retórica" perelmaniana tomam como pressuposto a crítica ao logicismo jurídico, à lógica formal aplicada ao raciocínio jurídico ou, simplesmente, à teoria do silogismo jurídico. Na perspectiva construtiva com fundamento na linguística, ambas as teorias da argumentação dialético-retórica propõem a compreensão do raciocínio jurídico e, a princípio, a inteligibilidade da natureza desse conhecimento entre ciência e prudência, tomando a linguística como instrumento de comunicação e ação.

A convergência de ambas as diretrizes propostas, na perspectiva crítica e na perspectiva construtiva com fundamento na linguística, podem ser reduzidas às investigações crítico-linguísticas e neo-retóricas se considerarmos a retomada de ARISTÓTELES e o princípio da sucessão dos discursos apodíctico, dialético, retórico e poético, na perspectiva da unidade do diverso, ou seja, esta como pressuposto para a irredutibilidade do particular para o geral, que só é inteligida a partir da metáfora da linha como base fundamental para a unidade do certo (apodíctico), do provável (dialético), do verossímil (retórico) e do possível (poético) como discurso, guardadas as diferenças enquanto modalidades deste mesmo discurso.

Esta retomada de ARISTÓTELES impõe aquilo que tanto a teoria de THEODOR VIEHWEG quanto a teoria de CHAÏM PERELMAN não conceberam, ou seja, uma distinção entre o discurso ou raciocínio *apodíctico* ou demonstrativo e o discurso ou raciocínio analítico, por ser o primeiro uma espécie do segundo, ou seja, que se diferencia, não pela forma, mas, pelo conteúdo (verdadeiro ou falso) das premissas empregadas.

Na teoria de THEODOR VIEHWEG, a prática do Direito consiste na inovação e discussão de tópicos ou argumentos solidificados em fórmulas que gozam de aceitação entre os juristas, pois, a interpretação, a aplicação e o uso da linguagem natural são três modos de irrupção da tópica em um sistema jurídico lógico-dedutivo, o que propicia a referida inovação e discussão em uma perspectiva dialético-retórica e, por conseguinte, a compreensão da argumentação a partir da situação discursiva, ou seja, de um modo de falar situacional e outro não situacional. Neste sentido, a interpretação, a aplicação, o uso da linguagem natural e a flexibilização na busca de novos pontos de vista denotam a maneira tópica.

Na teoria de CHAÏM PERELMAN, a prática do Direito ou prática jurídica é sempre dialética, ou seja, sob a nominação de "nova retórica" a prática do Direito é, então, designada como o estudo das técnicas discursivas que tem por objetivo a provocação e a intensificação da adesão de um auditório específico às teses que são sempre formuladas e apresentadas em uma linguagem particular, natural ou técnica.

Trata-se, portanto, de teorias muito semelhantes e, até mesmo, complementares, as teorias de THEODOR VIEHWEG e CHAÏM PERELMAN, principalmente no que tange ao resgate da perspectiva dialético-retórica. Nesta perspectiva, o recurso aos tópicos, a partir da tópica de THEODOR

VIEHWEG, só tem sentido na medida em que esses, assim denominados, lugares-comuns se referem a específicos auditórios. Do mesmo modo e as avessas, estes determinados auditórios, na perspectiva da "nova retórica" de CHAÏM PERELMAN, só têm sentido na medida em que o estudo dos argumentos e técnicas discursivas, como uma possibilidade contida no conceito de topói, tem por objetivo a provocação e a intensificação da adesão deste auditório às teses que são sempre formuladas e apresentadas em uma linguagem particular, natural ou técnica.

THEODOR VIEHWEG e CHAÏM PERELMAN, com suas teorias e investigações crítico-linguísticas, resgatando a questão dos argumentos ou tópicos jurídicos, propiciam a reestruturação de toda a teoria do método jurídico até, então, vinculada ao logicismo jurídico, ou seja, à lógica formal aplicada ao raciocínio jurídico ou, simplesmente, à teoria do silogismo jurídico.

Daí a pretensão de poder afirmar que a jurisprudência ou ciência do direito não se exaure na tópica, ou seja, que, do ponto de vista da tese de THEODOR VIEHWEG, o mesmo defendia a busca por um enfoque completo do direito, que deveria incluir a exigência de convergência entre estabilidade e flexibilidade a partir da antinomia entre dogmática e zetética, ou seja, não só a dogmática, mas, também, a investigação básica do direito.

Esta é a hipótese que pretendemos provar no decorre da investigação, ou seja, a natureza do conhecimento jurídico é, essencialmente, ciência e prudência, e isto, equivale dizer, é tanto razão teorética como é razão prática em THEODOR VIEHWEG. E, as respectivas virtudes de cada uma dessas partes da alma racional são as formas perfeitas com que se apreende a verdade prática e a verdade teorética (Ética a Nicômaco. 1139 b, 10).

No entanto, não há uma só abordagem que tenha por objetivo incursões mais aprofundadas no campo da lógica, da teoria da comunicação e da linguística, ou seja, ao que CHARLES SANDERS PEIRCE passou a chamar de lógica abdutiva que, junto com a lógica de dedutiva e com a lógica indutiva, corresponde à semântica de Charles Morris, cuja teoria é citada por Theodor Viehweg. E se a lógica abdutiva é invenção ou criação e, portanto, correspondente à poética aristotélica poder-se-á afirmar que o raciocínio jurídico é a consideração possível de um todo que abrange quatro partes diversas desde a sugestão poética até a demonstração rigorosa e apodítica em uma escala de credibilidade, ou seja, trata-se do princípio da sucessão dos discursos apodítico, dialético, retórico e poético que, na perspectiva da unidade do diverso, fundamenta a teoria da argumentação em Theodor Viehweg.

2 A FILOSOFIA DE ARISTÓTELES.

Em meados do século IV a.C., a academia de Isócrates, na perspectiva dos sofistas, propunha ao educando o desenvolvimento da "virtude" ou da capacitação para lidar com questões pertinentes à polis a partir da arte de emitir opiniões prováveis sobre coisas úteis[1]; já, a academia de Platão propunha que a base para a ação política ou para qualquer outra ação deveria ser a investigação científica (epísteme), de índole matemática. A ação humana, segundo Platão, pretendendo ser correta e responsável, não pode ser norteada por valores instáveis, ou seja, formulada segundo o relativismo e a diversidade das opiniões.[2] O prof. TÉRCIO SAMPAIO FERRAZ JR. argumenta que:

> "após a morte de Sócrates, Platão passara a descrer da persuasão como

---

[1] Na democracia ateniense, em que os destinos eram definidos em grande parte pela atuação dos oradores, a arte da persuasão, como a palavra manipulada com os recursos retóricos, era um fator imprescindível à eficácia do desempenho de um papel relevante na Cidade-Estado.

[2] Em Platão, a negação do relativismo e da diversidade de opiniões para a determinação da ação humana como correta e responsável, ou seja, que a verdade, com um poder de coerção sem violência, é mais forte que a argumentação – o que vem a representar uma reação ao julgamento, à condenação e à morte (execução) de Sócrates descritos em Fédon.

Aristóteles de Estagira, ainda jovem e proveniente da Macedônia, em Atenas (367 ou 366 do séc. IV a.C.) e com o intuito de dar prosseguimento aos estudos, diante das duas propostas, opta pela academia de Platão; no entanto, distinguindo raciocínio dialético, raciocínio apodítico e raciocínio erístico (controversista, polemista), buscando dar maior consistência à retórica - instrumental preferido dos sofistas -, Aristóteles se coloca em uma perspectiva distinta da de seu mestre.

Neste período, se exaltavam as discussões doutrinárias que polemizava a teoria das ideias, discussões como aquelas expostas na República de Platão. Assim, a liberdade para a discordância, para a persuasão e para a argumentação – que imprimiu em Aristóteles um ritmo intenso de pesquisas, oitivas e disputas – inspira a academia tornando-a um espaço fecundo para a disputa intelectual e o ecletismo cultural. Referindo à Aristóteles, o prof. EDUARDO C. B. BITTAR anota que:

"Optando posteriormente por seguir a formação cultural ao estilo da Paidéia sofístico-ateniense e se aventurando pelos campos do conhecimento, teria tido seus primeiros contatos com as obras de

> Platão, já então amplamente difundidas em meio à elite intelectual da época. De fato, não há que se negar a amplitude do alcance da influência ateniense enquanto modelo pedagógico no campo das artes formais, como a retórica e a dialética, armas da persuasão política e instrumentos do próprio pensamento.". (BITTAR. 2003. P. 15)

O poder da técnica retórica ou a capacidade de persuadir ou de convencer pelo discurso é de demonstração própria dos sofistas. No entanto, a relação do discurso com a verdade, para os sofistas, era algo secundário, ou seja, não se importavam em estabelecer uma distinção[3] entre verdade (aletheia) e opinião (doxa).

Nesta fase do platonismo, iniciada também com o diálogo de Teeteto, os conceitos dogmáticos e as opiniões irredutíveis deixam de ser o norte para aqueles que se propunham à busca da verdade. Assim, com a tradição socrática, em que princípios e teorias eram partilhados e o argumento de autoridade (autos epha) era descartado, a independência e o amadurecimento intelectual de Aristóteles eram determinados.

Em Teeteto, Sócrates a partir da maiêutica[4], questiona o conhecimento e a sabedoria; argumenta sobre o movimento

---

[3] Sobre esta distinção, entre verdade e opinião, nos deteremos mais adiante.

[4] Trata-se de uma engenhosidade obstétrica para a parturição de ideias.

como a causa de tudo o que devém[5] e parece existir e o repouso como o não-ser ou a destruição[6], de modo que, se nada podemos admitir como existentes em si mesmo, as cores, por exemplo, resultariam do encontro dos olhos com o movimento particular de cada uma e a cor por nós designada como existente não é o que atinge o sentiente (que sente; que tem sensações) ou o que é atingido, mas algo intermediário e peculiar a cada indivíduo; que os homens são a medida de todas as coisas (Protágoras), menos o homem inteligente. O conhecimento não pode ser, então, nem sensação, nem opinião verdadeira, nem a explicação racional acrescentada a essa opinião verdadeira.

O método socrático, de caráter ético e educativo, baseava-se na dialética. A dialética

---

[5] O que vem a ser ou o que pode vir a ser. O devir em oposição ao ser e ao dever ser.

[6] *"que nenhuma coisa é uma em si mesma e que não há o que possas denominar com acerto ou dizer como é constituída. Se a qualificares como grande, ela parecerá também pequena; se pesada, leve, e assim em tudo o mais, de forma que nada é uno, ou algo determinado ou como quer que seja. Da translação das coisas, do movimento e das misturas de umas com as outras é que se forma tudo o que dizemos existir, sem usarmos a expressão correta, pois a rigor nada é ou existe, tudo devém."* (...) *"De fato, o calor e o fogo que geram e coordenam todas as coisas, são gerados, por sua vez, pela translação e pela fricção, que também consistem em movimento."* (...) *"A constituição do corpo não se deteriora com o repouso e a preguiça e não se conserva admiravelmente bem com a ginástica e o movimento?"* (PLATÃO, Teeteto. 1988.)

socrática se desenvolvia pela *"refutação"* e pela *"maiêutica"*.[7] A primeira parte do método era a destrutiva, com a qual Sócrates procurava levar seu interlocutor a uma situação de *aporia*, forçando-o, ao menos intimamente, a reconhecer sua própria ignorância em relação ao assunto examinado. Já a segunda parte do método era a construtiva, pela qual Sócrates procurava, através da maiêutica ou dialética bem conduzida, levar seu interlocutor a uma aproximação da verdade sobre o problema posto, qualquer que seja ele.

Neste sentido, as pesquisas, as oitivas e as disputas praticadas por Aristóteles eram direcionadas, a partir das críticas aos sofistas, para a restauração do valor da opinião e a sua desvinculação do arquétipo da mera arbitrariedade.

Aristóteles, no livro da Tópica, toma como objeto de investigação a retórica, a arte da disputa, argumentando que:

---

[7] A dialética de Sócrates confundia-se com o seu próprio dialogar, ou seja, *"Ao fazê-lo, Sócrates valia-se da máscara do 'não saber' e da temida arma da 'ironia'"*. Pois, se *"Os sofistas mais famosos punham-se em relação aos ouvintes na soberba atitude de quem sabe tudo. Sócrates, ao contrário, punha-se diante dos interlocutores na atitude de quem não sabe, tendo tudo para aprender. Porém muitos equívocos foram cometidos em relação a esse 'não saber' socrático, a ponto de se ver nele o início do ceticismo. Na verdade, ele pretendia ser uma afirmação de ruptura."* (Reale. 1990. P. 96/97)

"Nosso trabalho se propõe encontrar um método de investigação graças ao qual possamos raciocinar, partindo de opiniões geralmente aceitas, sobre qualquer problema que nos seja proposto, e sejamos também capazes, quando replicarmos a um argumento, de evitar dizer alguma coisa que nos cause embaraços." (ARISTÓTELES. 1973. P. 11)

A Tópica, como resultado desta investigação, evidencia o raciocínio dialético que se caracteriza partindo de proposições conforme as opiniões geralmente aceitas. A Tópica ou raciocínio dialético se diferencia do raciocínio apodíctico, que se caracteriza partindo de proposições verdadeiras, e do raciocínio erístico, que se caracteriza por partir de opiniões que parecem ser geralmente aceitas, quando realmente não o são, ou seja, quando a natureza da falácia é de uma evidência imediata ou de fácil apreensão.

O raciocínio dialético prima pela índole de suas premissas, pelas opiniões geralmente aceitas, acreditadas e verossímeis, pois são proposições que parecem ser verdadeiras à todos ou à maior parte ou aos filósofos, sábios, notáveis ou eminentes. Assim, as demonstrações da ciência são apodícticas ao passo que as argumentações retóricas são dialéticas. Esta última se apresenta como uma arte de trabalhar com opiniões postas e, dada a perspectiva de persuasão e um procedimento crítico, é instaurado entre elas um diálogo ou confrontação ou disputa, mas não no sentido contencioso ou erístico.

Assim, Aristóteles, distinguindo raciocínio dialético, raciocínio apodíctico e raciocínio erístico, estabelece a dessemelhança entre verdade e opinião; e restaura o valor da opinião que fundada no consenso, dada a persuasão e a crítica, é desvinculada do arquétipo da mera arbitrariedade[8]. Mas o que é, essencialmente, a natureza do conhecimento jurídico?[9]

2.1 A virtude dianoética (ou do intelecto).

Distinta das virtudes éticas ou do caráter, segundo Aristóteles, são as virtudes dianoéticas (BITTAR, 2003. P. 1018), ou seja, virtudes do intelecto ou da razão, as virtudes

---

[8] E dada a negação da arbitrariedade a partir do consenso, *"Aristóteles, ao tecer observações sobre as teorias de seu mestre, no lugar de um tom irônico ou destrutivo, utiliza-se de expressões próprias ao homem de ciência que caminha em busca da superação dos antecessores e do estabelecimento de verdades sólidas, como se pode depreender do consignado textualmente na Política (Pol., II, 6, 1265 a, 10)"* (BITTAR, 2003. P. 18)

[9] Se nos propomos uma investigação a respeito da natureza do conhecimento jurídico na perspectiva da tópica de Theodor Viehweg, é essencial uma abordagem sobre as virtudes da alma (dianoética e ética) para a delimitação da ciência e prudência em ARISTÓTELES – um contra-ponto para a delimitação da tópica de Theodor Viehweg.

da parte mais elevada ou ideal da alma, que não podem ser adquiridas por um esforço da vontade, como ocorre com as virtudes éticas, mas, sim, pelo ensinamento. E assim, dada a dicotomia, Aristóteles, no livro VI da sua *Ética a Nicômacos*, busca conhecer a natureza dos ditames da reta razão que determinam o meio-termo das virtudes éticas.[10]
que se deve preferir[11] ao excesso ou à falta (1138 b, 20).

Se o uso da razão é responsável por determinar a escolha do meio-termo e se há um padrão que determina os estados medianos ou meios-termos entre o excesso e a falta, esta é a consonância e o ponto de partida da investigação, que Aristóteles se propõe, para a determinação da natureza dos ditames da reta razão (1138 b, 25). Assim, a reta razão, segundo Aristóteles, é o que determina o justo meio das virtudes morais.

Para Aristóteles, dada a dicotomia entre virtudes éticas e virtudes morais, o termo ético, originário do costume e do hábito, é

---

[10] "Pode um homem tratar injustamente a si mesmo?" (ARISTÓTELES, Ética a Nicômacos. 1138 a, 25). Segundo Aristóteles, considerando as relações da parte racional e da parte irracional da alma é que, aparentemente, um homem pode ser injusto consigo mesmo. Ou seja, dado que as partes podem sofrer algo contrário aos seus desejos, pensa-se na existência de uma justiça mútua entre elas, como entre amo e escravo, governante e governado, marido e mulher, etc.
[11] Como um alvo que se deve visar ou que é preciso sempre buscar.

tomado como um adjetivo de uma ação, de uma qualidade, de uma virtude ou de um modo de ser e realizar o Estado e a vida a partir deste mesmo Estado; já, o termo dianoética, designando as virtudes fundamentais ou princípios primeiros da ética, são as virtudes da inteligência ou da razão, da sabedoria e da prudência.

O termo ético, ao longo da história, passa a se identificar cada vez mais com o termo moral, chegando a significar a ciência que se ocupa dos objetos morais. No entanto, dado a perspectiva histórica, a história da ética é mais limitada no tempo e no objeto tratado do que a história das ideias morais da humanidade, ou seja, não se tratando somente do estudo filosófico ou histórico-filosófico, mas também do estudo social, podemos afirmar que só há história da ética no âmbito da história da filosofia.

Com o objetivo de estabelecer uma separação entre os sistemas morais, como objeto da própria ética, e o conjunto de normas e atitudes de caráter moral predominantes em uma dada sociedade ou fase histórica, é que podemos afirmar que o estudo ou investigação da ética se limita aos fundamentos das ideias de caráter moral, aquelas que são filosoficamente justificadas ou possuam uma base filosófica; é imprescindível que haja uma explicação, ao menos racional.

Mas, buscando determinar a natureza dos ditames da reta razão, Aristóteles concebe, como pressuposto, a alma como razão ou racionalidade e irracionalidade ou privação de razão. Como razão entende, uma com a qual os homens percebem as coisas (entes) e cujos princípios primeiros não podem ser de outra maneira, portando necessário, e outra que permite aos homens contemplar as coisas contingentes ou passíveis de variação (1139 a, 5/10). Aristóteles faz uma divisão da razão entre necessário e contingente, que vem a ser uma reelaboração da distinção entre ciência e opinião[12], pois, para Platão, a opinião é enganadora e sujeita a alterações como mutável é o mundo sensível de onde provém, e, por isto, para o fundamento e a verdade de uma opinião, impõe-se

> "tratá-la com o expediente do 'raciocínio causal', isto é, firmá-la através do conhecimento da causa (da ideia). Desse modo, porém, a opinião deixaria de ser opinião, transformando-se em ciência". (REALE. 1990. P. 149)

Se necessário e contingente se diferem em espécie, a parte racional da alma

---

[12] "- Ora nós não dissemos antes que, se aparecesse alguma coisa que ao mesmo tempo existisse e não existisse, tal coisa ficaria em posição intermediária entre o Ser absoluto e o Não-ser absoluto, e que sobre ela não haveria ciência nem ignorância, mas o que aparecesse a meio caminho da ignorância e da ciência? – Exatamente. – E agora surgiu entre elas aquilo que chamamos de opinião? – Surgiu."(PLATÃO. A República. 478 d-c)

correspondente a cada uma também se difere em espécie, ou seja, em científica e calculativa ou deliberativa, pois, *"o mesmo são deliberar e calcular, mas ninguém delibera sobre o invariável."*.(1139 a, 10/15) Assim, a parte racional da alma se divide, basicamente, em duas: a razão prática ou calculativa ou opinativa, e sua função é a investigação dos contingentes; e a razão teorética ou científica, que tem por função a investigação sobre os princípios invariáveis.

Segundo Aristóteles, devemos buscar "investigar qual seja o melhor estado de cada uma dessas duas partes, pois nele reside a virtude de cada uma."(1139 a, 15) e se a "virtude de uma coisa é relativa ao seu funcionamento apropriado."(1139 a, 15), podemos, então, entender que, se não há uma divisão por partes reais e incomunicáveis, mas sim uma divisão por funções, a virtude correspondente a cada uma das partes é a virtude ou o funcionamento apropriado de cada uma dessas partes para a apreensão ou da verdade prática ou da verdade teorética.

A alma racional, na perspectiva prática e teorética, é apenas uma, como a alma é, por inteiro, no aspecto racional e irracional. No entanto, considerada a parte racional da alma, Aristóteles realiza uma divisão fundada em funções a partir de uma esfera de objetos aos quais se deve aplicar a atividade intelectual, ou seja, ao que é necessário e ao que é contingente, e tem por objetivo a apreensão da verdade acerca do que é variável, contingente ou prática (calculativa) e do que é invariável, relativa ao primeiros princípios ou teórica (científica).

Assim, considerando a alma por inteiro, a virtude dianoética como princípio[13] da virtude ética, e a razão e o desejo como determinante da ação e da verdade[14], podemos afirmar que a escolha, como um desejo deliberativo[15], está impregnada de inteligência ou tem nesta o seu princípio ou a sua fundamentação primeira, pois, a boa ação ou a verdade e os contrários não podem existir fora da concepção de unidade, ou seja, a escolha não pode existir sem razão, devendo buscar exatamente o que está determinado.

ARISTÓTELES escreve que:

> "sendo a virtude moral uma disposição de caráter relacionada com a escolha, e sendo a escolha um desejo deliberado, tanto deve ser verdadeiro o raciocínio como reto o desejo para que a escolha seja acertada, e o segundo deve buscar exatamente o que afirma o primeiro." (1139 a, 20/25) "as virtudes de ambas serão aquelas disposições segundo as

---

[13] Parte-se do pressuposto de que o raciocínio ético é, em essência, necessário, o que se difere do seu desenvolvimento como raciocínio, neste caso contingente.

[14] *"a sensação não é princípio de nenhuma ação: bem o mostra o fato de os animais inferiores possuírem sensação, mas não participarem da ação."* (1139 a, 20)

[15] Ou raciocínio deliberativo ou desejo raciocinativo. (1139 b, 5)

quais cada uma delas alcançará a verdade em sumo grau." (1139 b, 10/15)

Aristóteles estabelece que são cinco as disposições pelas quais a alma alcança ou conhece a verdade, ou seja, dada a distinção entre intelecto e caráter, a razão teórica é voltada para o universal e/ou necessário e à ela correspondem três virtudes: o conhecimento científico ou ciência (*epistéme*), a sabedoria filosófica ou especulativa (*Sophia*) e a intelecção ou razão pura ou intuitiva (*noûs*); e a razão prática é orientada para o particular e contingente, e à ela correspondem duas virtudes: a arte (*tékne ou techné*) e a sabedoria prática ou prudência ou discernimento (*phrónesis*) (1139 b, 15/20).

O conhecimento científico ou ciência, definido por ARISTÓTELES em Ética a Nicômaco, evidencia-se quando

> "nós supomos que aquilo que sabemos não é capaz de ser de outra forma. Quanto as coisas que podem ser de outra forma, não sabemos, quando estão fora de nosso campo de observação, se existem ou não existem." (1139 b, 20)

Ou, ainda, segundo ARISTÓTELES, nos segundos analíticos, sobre o conhecimento científico,

> "acreditamos possuir ciência de uma coisa absolutamente, e não à maneira dos sofistas de modo acidental, quando cremos conhecer a causa por que alguma

coisa é, e sabemos que esta causa é a da coisa, e que não é possível que a coisa seja de outro modo como é" (Segundos Analíticos. 71 b, 9).

A ciência é o conhecimento da causa e das coisas que não estão sujeitas a variação, do que existe necessariamente e que, por isso, existe eternamente, *"pois todas as coisas que existem por necessidade no sentido absoluto do termo são eternas, e as coisas eternas são ingênitas e imperecíveis"* (1139 b, 20). Então, para Aristóteles, apenas a teologia (metafísica), a astronomia e a matemática podem ser chamadas de *ciências*, pois, o que move todo o universo é, com efeito, uma substância eterna e imóvel – o primeiro motor -, e os astros e os objetos matemáticos também são eternos[16].

Assim, da invariabilidade dos objetos da ciência decorre que toda ciência pode ser ensinada ou que tudo o que é objeto do conhecimento pode ser aprendido, pois, o ensino parte do que já se conhece, daquilo que sabemos que não é capaz de ser de outra forma, e, portanto, procede ou por indução ou por dedução (silogismo), ou seja, por indução temos um método que concebe o particular e nele um ponto de partida que o próprio conhecimento do universal pressupõe, e, por dedução, o universal como ponto de partida.

---

[16] Ver-se-á, mais adiante, o sentido de eternidade, na perspectiva do que é variável e do que é invariável.

ARISTÓTELES, neste sentido, demonstra que:

> "a indução é o ponto de partida que o próprio conhecimento do universal pressupõe, enquanto o silogismo procede dos universais. Existem, assim, pontos de partida de onde procede o silogismo e que não são alcançados por este. Logo, é por indução que são adquiridos. Em suma, o conhecimento científico é um estado que nos torna capazes de demonstrar" (1139 b, 25/30)

Para ARISTÓTELES, as coisas humanas não são objeto do conhecimento científico ou ciência (*epistéme)*, uma vez que, em função da não invariabilidade de tais coisas, não pode haver demonstração, ou seja, ninguém delibera sobre coisas que não pode ser de outro modo, é impossível deliberar sobre coisas que são por necessidade. Embora, para as disciplinas como a ética, a política e a economia, Aristóteles consinta em qualificá-las, por analogia, como ciências, e o faz por considerar a existência de princípios primeiros tanto invariáveis quanto variáveis e que a ciência subentende a apreensão de uma base racional.

A ciência é o conhecimento dos universais e das coisas necessárias, das verdades demonstradas cientificamente por derivação dos primeiros princípios invariáveis, ou seja, como decorrentes dos fundamentos da ciência ou da instância última e superior da demonstração. Trata-se, portanto, de um procedimento que parte dos princípios para estabelecer as conclusões científicas ou demonstrações. Mas, como o conhecimento desses princípios não pode ser obtido por outras demonstrações e considerando a necessidade de um termo último na cadeia demonstrativa, os princípios em si são apreendidos pela razão pura ou inteligência (noûs), ou seja, se *"só resta uma alternativa: que seja a razão intuitiva que apreende os primeiros princípios"* (1141 a, 5). Os primeiros princípios são aqueles apreendidos por um método ou hábito intelectual, distinto do método ou hábito demonstrativo científico. Assim, noûs (razão pura ou inteligência) é uma captação *mediatizada* desses primeiros princípios, através de induções sucessivas (raciocínios que vão do particular ao geral). E a ciência, nesta medida,

> "é a própria principiologia que encerra em si; no entanto, não somente isto, mas também a principiologia demonstrada. Há de haver, portanto, algo que corresponda aos princípios em si, e é assim que se define o que seja noûs." (BITTAR, 2003. P. 1067)

A sabedoria filosófica (sophia) é, segundo Aristóteles, a perfeição decorrente da razão intuitiva combinada com o conhecimento científico. O sábio é aquele que conhece o que decorre (demonstrativamente) dos primeiros princípios da realidade e o que tem conhecimento ou possui a verdade a respeito dos próprios primeiros princípios. A sabedoria filosófica, como combinação da ciência com a inteligência, é um conhecimento científico dos objetos mais sublimes ou "uma ciência dos mais elevados objetos que recebeu, por assim dizer, a perfeição que lhe é própria" (1141 a, 15/20). Assim, a sabedoria filosófica (*sophia*) é a virtude dianoética mais excelsa, pois seu objeto não é o conhecimento das coisas práticas e contingentes (como a arte ou a sabedoria prática, por exemplo), mas a pura contemplação do que há de mais excelente e necessário no Cosmos[17].

Ainda, segundo o Prof. EDUARDO C. B. BITTAR:

> "A sophia não se basta no conhecimento das conclusões de uma ciência, de suas demonstrações, e muito menos se basta

---

[17] Embora o homem seja o *"melhor dos animais"*, existem outras coisas muito mais dignas ou divinas na natureza que o homem, *"o exemplo mais compíscuo são os corpos de que foram povoados os céus"*. (1141 b) "Por isto dizemos que Anaxágoras, Tales e os homens semelhantes a eles possuem sabedoria filosófica, mas não prática, quando os vemos ignorar o que lhes é vantajoso; e também dizemos que eles conhecem coisas notáveis, admiráveis, difíceis e divinas, mas improfícuas." (1141 b, 5/10) Estas coisas (Deus, os astros ...) mais divinas que o homem é que são passíveis de contemplação pura (desinteressada) e são objetos da sabedoria filosófica (*sophía*).

no conhecimento único dos princípios, mas é ambos ao mesmo tempo, acordantes com a verdade. A sophia é, pois, noûs e epistéme." (BITTAR, 2003. P. 1068)

A sabedoria filosófica (*sophia*) é, por excelência, a virtude da razão teorética, ao passo que a sabedoria prática (*phrónesis)* é a virtude da razão prática. A primeira é responsável por uma vida dedicada à contemplação, que busca o conhecimento das essências e as verdades fundamentais acerca da estrutura da realidade como invariável, necessário e que não pode ser de outra maneira – este é o objeto da sabedoria filosófica; a segunda é responsável por uma vida social, política e jurídica (vida ativa), que busca conhecer as coisas variáveis, contingentes e que podem ser sempre de outra maneira – este é o objeto da sabedoria prática.

Entre as coisas variáveis ou contingentes, segundo Aristóteles, estão as coisas produzidas e as ações praticadas que se diferem pelas disposições racionais pertinentes a ambas as capacidades, *"daí, também, o não incluírem uma na outra, porque nem agir é produzir, nem produzir é agir."* (1140 a, 5).

A *arte* (*tékne ou techné*) está relacionada à produção, à criação, à geração e à invenção, é um hábito produtivo acompanhado de razão verdadeira ou uma *"capacidade raciocinada de produzir"* (1140 a, 10), ou seja, "a arte é uma disposição que se ocupa de produzir, envolvendo o reto raciocínio" (1140 a, 20). Trata-se de um hábito intelectual e não uma mera habilidade técnica, mas, é também a produção de um objeto e, por isso, envolve sempre uma produção. Toda arte, então, relaciona-se com a geração de entes *possíveis*, tendo como finalidade trazer, portanto, algo à existência.

Facilmente se percebe que a racionalidade ou reta razão, que Aristóteles faz referência, não pode ser identificada com a sabedoria filosófica, portanto nem com a ciência e nem com a inteligência, e tampouco com a arte. A primeira é, por excelência, a virtude da razão teorética, portanto não relacionadas às coisas práticas, mas ao conhecimento dos entes necessários ou invariáveis e universais; a segunda, não pode ser a esta racionalidade, pois, embora a virtude ética se situe no campo dos contingentes, não é referente à produção (arte), mas à ação, então, à *phrónesis*, ou seja, a sabedoria prática é, por excelência, a virtude da razão prática.[18]

Na perspectiva finalista da razão, como bem salienta LIMA VAZ, Aristóteles:

> "considera a atividade intelectual de acordo com o fim que ela tem em vista e

---

[18] À *Phronesis* por sua importância como contra-ponto à delimitação da tópica em Theodor Viehweg, dedicar-se-á um capítulo especial. Bem como à tópica e à poética aristotélica.

que especifica o saber por ela produzido. Ele distingue assim três grandes alvos que a nossa razão pode alcançar em sua atividade e que, em virtude de sua natureza, dão origem a três grupos de ciência: a contemplação (theoría), buscada em razão de si mesma e tendo como fim o conhecimento da verdade das coisas; de acordo com a natureza do objeto contemplado procedem dessa atividade as três ciências teóricas, a Física, a Matemática e a Filosofia primeira ou Teologia. A ação (práxis) buscada em razão do bem (agathón) ou da excelência (areté) do indivíduo e da comunidade e que é objeto das ciências práticas, a Ética e a Política. A fabricação (poíesis) da qual resultam objetos artificiais e cuja finalidade é a utilidade ou o prazer. Nela têm origem os saberes ou artes que regulam a produção de objetos, e entre elas Aristóteles estuda particularmente as artes que operam sobre a linguagem, a Retórica e a Poética." (LIMA VAZ, 2001: p.41)

2.2 A virtude ética (ou *phrónesis*).

Como o objeto desta investigação é a natureza do conhecimento jurídico, entre ciência e prudência na perspectiva da fundamentação do Direito em Theodor Viehweg, ou seja, uma teoria retórica da argumentação ou tópica (técnica de pensar por problemas) que se concebe, inicialmente, como um fenômeno tanto ético quanto dianoético, portanto, inserido no vasto campo do que Aristóteles concebe como variável (contingente) e invariável (necessário), a análise deve privilegiar a sabedoria prática (*phrómesis*), virtude da razão prática, como, também, a sabedoria filosófica (*sophía*), virtude da razão teorética (dianoética), dado que a virtude dianoética é tomada como princípio[19] da virtude ética.

Assim, podemos considerar que a definição da virtude ética (e, consequentemente, da virtude moral) contém uma alusão à virtude intelectual, pois, o meio-termo das virtudes éticas ou o meio-termo que se deve preferir ao excesso ou à falta são determinados pelos ditames da reta razão. Daí poder afirmar, a partir das investigações de ARISTÓTELES, que há uma racionalidade que dirige o fazer ou o agir que dependem da deliberação humana e que recaem sobre o que é variável, o que sempre pode ser de outra maneira. Essa racionalidade é a *phrónesis*[20] ou sabedoria prática.

Segundo ARISTÓTELES observamos que:

---

[19] Ver nota n. 11, pág. 21.

[20] O termo *phrónesis*, do grego, é traduzido por "prudência", mas, a tradução é imprecisa por se confundir com cautela (sinônimo na língua latina). Outras traduções, como "discernimento" ou "sabedoria prática", foram propostas por estudiosos. No entanto, para a investigação que se propõe, optar-se-á pela manutenção do original grego transliterado, em razão da difusão do termo original nas últimas décadas.

> "é impossível deliberar sobre coisas que são por necessidade, a sabedoria prática não pode ser ciência nem arte: nem ciência, porque aquilo que se pode fazer é capaz de ser diferente, nem arte, porque o agir e o produzir são duas espécies diferentes de coisa. Resta, pois, a alternativa de ser ela uma capacidade verdadeira e raciocinada de agir com respeito às coisas que são boas ou más para o homem." (1140 b, 5)

Podemos, ainda, afirmar que a *phrónesis* não está relacionada diretamente a nenhum tipo de conhecimento divino. Embora só encontre uma explicação ou fundamento (ou causa final) no movimento divino, ela não depende, para se realizar em alguém, que este alguém conheça a essência de Deus ou do cosmo. *Phrómesis* é transformadora, é a conversão do invariável (necessário) em variável (contingente), independente do conhecimento daquilo que é invariável. O fazer ou o agir ético independe da contemplação, mesmo possuindo um fundamento metafísico, e mesmo que a contemplação seja sua máxima realização.

Se a contemplação ou conhecimento dos primeiros princípios da realidade é dada somente ao filósofos, o mesmo não se dá com a *phrónesis*, que é acessível à todos potencialmente. A contemplação do invariável não é requisito essencial para ser virtuoso, daí ARISTÓTELES desvincular *sophia* e *phrónesis*.

A *phrónesis*, virtude da razão prática, é a estrutura ética fundamental de toda ação moral e que tem por pressuposto, ainda, uma estrutura *dianoética*, cuja função é a inserção do *logos* científico nas questões éticas[21]. Portanto, como virtude da inteligência, ou reta razão (prática), a *phrónesis* é responsável pelo justo meio ou medida razoável entre o excesso e a falta. A *phrónesis*, como ensina LIMA VAZ, é *"o centro de gravidade de toda a teoria da praxis"* de Aristóteles, assinalando, assim, *"justamente a presença do logos regulador e ordenador no fluxo contingente das ações particulares"* (LIMA VAZ, 1993: 106).

Assim, na determinação da natureza dos ditames da reta razão e para a moral aristotélica há uma intervenção necessária do conhecimento, tanto na perspectiva da razão teorética (ou virtude dianoética) quanto na perspectiva da razão prática (ou virtude ética), em todos os atos humanos, dada a *phrónesis*, que dá ao fazer ou ao agir o justo meio indispensável, sem o qual não se pode falar, de modo estrito, em ato volitivo ou de

---

[21] Na determinação da natureza dos ditames da reta razão se tem a supremacia ou afetação do *logos* sobre o *ethos*, dada a perspectiva de unicidade da alma. Ou seja, assim como não se pode confundir razão teórica e razão prática, não se pode negar a unicidade da alma. A unicidade, inclusiva, das virtudes dianoéticas com as virtudes éticas e da parte racional com a parte não racional. "o elemento racional é persuadido pela razão" (1103 a)

vontade. Pode-se dizer, então, que a razão ou raciocínio e sua capacidade ordenadora é que vão determinar esse justo meio, porque é aplicando, com a inteligência, princípios gerais às circunstâncias do caso particular, que se determina a ação boa ou conveniente – que em uma concepção não particularista determina o fazer ou agir ético.

Sobre o que é conveniente, bem salienta ARISTÓTELES afirmando que:

> "julga-se que é cunho característico de um homem dotado de sabedoria prática o poder deliberar bem sobre o que é bom e conveniente para ele, não sobre um aspecto particular, como por exemplo sobre as espécies de coisas que contribuem para a saúde e o vigor, mas sobre aquelas que contribuem para a vida boa em geral." (1140 a, 25/30)

Se a parte moral da alma pertence ao domínio ético, e sendo ela não possuída pela razão, podemos, então, aferir que a parte moral deve seguir a parte intelectual ou os ditames da reta razão ou a *phrónesis*, o que constitui o pressuposto para a virtude ética.

Assim, se as virtudes éticas são disposições práticas relativas à deliberação ou escolha, a *phrónesis* é uma disposição prática relacionada à *regra ou à razão que determina a escolha*, isto é, aos meios corretos ou à reta razão para se determinar de forma acertada o termo médio das virtudes.

E, se para ARISTÓTELES, a princípio, há o saber e o fazer, considerando o necessário e o contingente respectivamente, a *phrónesis* é um saber ou razão prática necessária para o fazer ou agir ou deliberar sobre o que é contingente.

Então, se *"é cunho característico de um homem dotado de sabedoria prática o poder deliberar bem sobre o que é bom e conveniente para ele, não sob o aspecto particular"* (1140 a, 25/30) e se *"a boa ação é o seu próprio fim. Daí o atribuirmos sabedoria prática a Péricles e homens como ele, porque percebem o que é bom para si mesmos e para os homens em geral"* (1140 a, 5/10), o ponto de partida, para ARISTÓTELES, não é uma essência, mas, um nome, o *phrónimos*. Dada toda essa discussão, até aqui, é preciso admitir que ARISTÓTELES restaura o valor da opinião[22] e a desvincula do arquétipo da mera arbitrariedade[23]. Segundo ARISTÓTELES:

> "a sabedoria prática é uma virtude e não uma arte. E, como são duas as partes da alma que se guiam pelo raciocínio, ela deve ser a virtude de uma dessas duas, isto é, daquela parte que forma opinião;

[22] Ver pg. 23/24.

[23] Segundo Aristóteles, as crianças não podem desempenhar qualquer papel em escolhas práticas, pois, lhes falta o contato com a experiência, responsável por dar aos homens a capacidade de perceber o geral acima das particularidades de um fato que, tomado em todas as suas características, não é igual a nenhum outro.

> porque opinião versa sobre o variável, e
> da mesma forma a sabedoria prática."
> (1140 b, 25)

Porque *phrónesis* versa sobre o que é variável e, portanto, sobre o que é contingente, provável e não universal (particular), não quer significar que não tenha como pressuposto o que seja invariável, necessário e universal, pois implica saber aplicar ao caso particular uma característica geral. E como afirma ARISTÓTELES:

> "a sabedoria prática diz respeito à ação.
> Portanto, deveríamos possuir ambas as
> espécies de sabedoria, ou a segunda de
> preferência à primeira. Mas tanto da
> sabedoria prática como da filosófica deve
> haver uma espécie controladora." (1141
> b, 20)

Assim, *phrónesis* é concebida por uma espécie de raciocínio que ARISTÓTELES designa como *silogismo prático, ou seja,* de uma premissa geral (devemos buscar informações para poder aprender) ou (devemos comer as carnes leves por serem digestíveis e saudáveis), segue-se uma premissa particular (pela leitura se acessa informação) ou (a carne de galinha é leve) e uma conclusão, que poderá ou não ser seguida (escolha racional): devemos buscar a leitura para poder aprender ou devemos comer carne de galinha por ser digestiva e saudável. Trata-se de uma racionalidade prática e não teórica, em razão do objeto que é contingente, variável, provável e não universal.

Neste sentido, LIMA VAZ explica que:

> "A singularidade lógica desse silogismo (prático) consiste em que a uma premissa maior universal, ditando uma norma ou uma prescrição (com um enunciado positivo ou negativo) segue-se uma premissa menor particular que aplica a proposição universal ad casum, sendo a conclusão o próprio exercício da ação que recebe, assim, uma fundamentação lógica. É claro que tal fundamentação lógica não significa uma reintegração da ciência prática na ciência teorética, pois subsiste uma diferença essencial entre as duas classes de silogismo: no científico (episthemonikós), a conclusão é sempre universal, ao passo que, no silogismo da ação, a conclusão não é uma proposição, mas a ação singular"
>
> (...)
>
> "Trata-se de uma lógica peculiar, a lógica da ação, na qual a necessidade que liga as premissas à ação não é uma necessidade lógica estrita (o que contradiria toda a concepção aristotélica do conhecimento prático), mas uma necessidade lógico-existencial na qual está intrinsecamente presente o desejo, mas um desejo que se articula em termos de razão (órexis dianoetiké), vem a ser, a decisão (proáiresis) que se transfunde imediatamente na ação" (LIMA VAZ, 1993: 124 - 125).

O silogismo prático não se confunde com o silogismo teórico ou da lógica formal, pois, para as conclusões do silogismo prático não há a necessidade da lógica, dada a natureza contingente do objeto da investigação, uma probabilidade. No entanto, dado a unicidade da alma e, consequentemente, da razão, como já exposto acima, não podemos deixar de considerar a unicidade (semelhanças) e particularidade (diferenças) entre o silogismo prático e o silogismo teórico ou lógico formal.

Quanto a percepção ou silogismo prático, bem salienta ARISTÓTELES aduzindo que:

> "a sabedoria prática se ocupa com o particular imediato, que é o objeto não do conhecimento científico mas de percepção – e não da percepção de qualidades peculiares a um determinado sentido, mas de uma percepção semelhante àquela pela qual sabemos que a figura particular que temos diante dos olhos é um triângulo; porque tanto nessa direção como na da premissa maior existe um limite. Mas isso é antes percepção do que sabedoria prática, embora seja uma percepção de outra espécie que não a das qualidades peculiares a cada sentido." (1142 a, 25/30)

O silogismo prático, preso às particularidades do problema posto, só se ocupa com a situação prática para a qual se deve buscar racionalmente uma solução, como no exemplo acima (ou seja, quais as carnes leves que são digestíveis e saudáveis?).

E como se dá a construção do silogismo prático? Todo fazer ou agir (ação), para o qual precede a racionalidade, exige uma fundamentação ou uma justificação das premissas que dizem dos meios empregados para a realização do fim pretendido. Neste caso, toda fundamentação só é possível através de uma escolha que é sempre precedida por uma deliberação que *é a investigação de uma espécie particular de coisa*" (1142 a, 30). E, ainda, segundo ARISTÓTELES,

> "a excelência da deliberação no sentido absoluto é, pois, aquilo que logra êxito com referência ao que é o fim no sentido absoluto, e a excelência da deliberação num sentido particular é o que logra um fim particular." (1142 b, 25/30)

Assim, se o silogismo prático é o que determina a ação racional, a deliberação é o processo de argumentação que fornece as premissas ao silogismo prático. Não se concebe as virtudes éticas independentes da racionalidade prática, ou seja, dada a ideia inicial de unicidade da alma, não se pode ser virtuoso sem ser racional de modo prático, nem ser praticamente racional sem a prática das virtudes.

2.3 As modalidades do discurso. O raciocínio em Aristóteles: a partir da dessemelhança entre verdade e opinião.

Em seus livros reunidos sob o título de Órganon ou instrumento, ARISTÓTELES dá forma ao pensamento teórico e prático e assegura ao predicado da racionalidade, próprio do homem, os instrumentos poderosos e decisivos para que ele possa, por sua vez, modelar ou dar forma ao seu mundo segundo as exigências da razão, como se tem demonstrado até então.

E dada a liberdade para a discordância, para a persuasão e para a argumentação, é que Aristóteles inspira a academia Platônica, tornando-a um espaço fecundo para a disputa intelectual e o ecletismo cultural. Nesta fase do platonismo, iniciada também com o diálogo de Teeteto, como já visto, os conceitos dogmáticos e as opiniões irredutíveis deixam de ser o norte para aqueles que se propunham à busca da verdade. E é neste contexto que ARISTÓTELES, como pudemos ver, estabelece a distinção entre verdade (aletheia) e opinião (doxa) e, por conseguinte, a relação do discurso com a verdade, ou seja, o resgate da opinião desvinculada do arquétipo de mera arbitrariedade.

Assim, passamos a analisar, em ARISTÓTELES, os raciocínios ou discursos apodíctico, dialético e erístico que, em virtude dos diversos graus de persuasão, desde a sugestão poética até a demonstração rigorosa, como exposto no Órganon ou instrumento[24], passaremos a adotar o desdobramento do discurso erístico em discurso retórico e discurso poético. Não se trata de uma hierarquia de valores ou de uma forma progressiva de erro ou de conhecimento deficiente, mas, sim, de que os quatro modelos de discurso, raciocínio ou argumento, apresentam uma diferença de funções articuladas entre si e, portanto, necessárias à construção do conhecimento.

Ou seja, se a "virtude de uma coisa é relativa ao seu funcionamento apropriado." (1139 a, 15), segundo Aristóteles, podemos entender que, em não havendo uma divisão por partes reais e incomunicáveis, há, sim, uma divisão por funções, pois, a virtude correspondente a cada uma das partes é a virtude ou o funcionamento apropriado de cada uma dessas partes para a apreensão ou da verdade prática ou da verdade teorética.

Neste sentido, CARVALHO, convergindo com a unicidade e a divisão por funções, ensina que

> "A essa ideia denomino Teoria dos Quatro Discursos. Pode ser resumida em uma frase: o discurso humano é uma potência única, que se atualiza de quatro maneiras diversas: a poética, a retórica, a

---

[24] O termo órganon, que designa instrumento, foi introduzido por Alexandre de Afrodisia para apresentar a lógica em seu conjunto. (REALE. 1990. P. 211)

dialética e a analítica (lógica).".
(CARVALHO, 1996. P. 29)

E a compreensão da unidade proposta para o pensamento de ARISTÓTELES[25] é análoga à inteligibilidade do ato que *"implica respeitar cuidadosamente o inexpresso e o subentendido, em vez de sufocá-lo na idolatria do 'texto' coisificado, túmulo do pensamento"* (CARVALHO, 1996. P. 28)

Assim, das quatro modalidades de discurso, raciocínios ou argumentos, que se diferenciam, basicamente, por funções articuladas entre si e, portanto, necessárias à construção do conhecimento, ou seja, por seus graus de prova ou credibilidade: o discurso apodíctico, operando com demonstrações, assegura sempre uma prova plena, uma

---

[25] Não se trata de um ARISTÓTELES sistemático, mas, sim, de um ARISTÓTELES aporético que parte do particular para o geral, como se pode observar, ainda, na ilustração da Escola de Atenas. Na pintura, Escola de Atenas de Rafael, percebe-se Platão e Aristóteles como as duas figuras centrais. Platão, com o indicador erguido para o alto, simbolizando o poder das idéias abstratas e a descoberta da transcendência, e Aristóteles, com a mão espalmada para baixo e para o mundo, indicando a realidade material da natureza ou os fenômenos, não perde a perspectiva do geral, quando olha para Platão, afirmando que os fenômenos sensíveis se salvam somente se compreendemos o metassensível. Seria o que foi denominado, na época de Rafael, a Pax Filosófica. A Escola de Atenas é parte de uma série de obras em várias salas próximas à Capela Sistina (Vaticano). Estas salas são hoje chamadas Stanze di Raffaello.

certeza indestrutível; o discurso dialético lida com a demonstração provável, com a verificação dos erros e das verdades nas opiniões ou nas crenças, aspirando o convencimento por conclusões prováveis, ou seja, trata-se da *"lógica da descoberta: o verdadeiro método científico, do qual a lógica formal é apenas um complemento e um meio de verificação"* (CARVALHO, 1996. P. 38); o discurso retórico, através da produção e apresentação de determinadas convicções e/ou crenças, procura persuadir por razões verossímeis e produzir uma decisão, ou seja, *"tem por objeto o verossímil e por meta a produção de uma crença firme que supõe, para além da mera presunção imaginativa, a anuência da vontade"* (CARVALHO, 1996. P. 40); e, por fim, o discurso poético, lida com a imaginação, sugestiona o ouvinte a suspender o juízo e aceitar, provisoriamente, situações possíveis como situações verdadeiras, ou seja, *"versa sobre o possível, dirigindo-se sobretudo à imaginação, que capta aquilo que ela mesma presume"* (CARVALHO, 1996. P. 40).

Não se pode raciocinar demonstrativamente como no campo da moral, da política ou do direito, pois, dado o fato de serem uma questão do fazer ou do agir (das ações), não se trata de certeza ou de necessidade lógica ou o que não pode ser de outro modo, mas, sim, do que é provável[26] ou

---

[26] O que hoje chamamos de julgamento de valor.

do que pode ser de outro modo. No entanto, na tentativa de garantir a certeza dos raciocínios jurídicos, principalmente no positivismo legalista do século XIX, negando ou desconhecendo a perspectiva Aristotélica, trazem ao direito, à política e à moral, as incertezas que se pretendia evitar somente com o raciocínio demonstrativo.

Por isto, uma análise das quatro modalidades de discurso ou raciocínios aristotélicos se justifica na medida em que o positivismo legalista[27] toma o discurso ou o raciocínio somente em uma perspectiva analítica, quando muito *apodíctica*, e a teoria retórica da argumentação, ou tópica de Theodor Viehweg, assinala as ideias de Aristóteles como marco teórico.

---

[27] O termo é oposto a idéia que faz conhecer o sujeito e, a partir dele, a afirmação, lógica ou ontológica, da preexistência da parte sobre o todo. O professor GALUPPO bem ensina que *"Não podemos confundir aqui o Positivismo, sobretudo o Positivismo Jurídico, com o processo de positivação do direito. O fenômeno da positivação tem suas raízes na concepção de que o ordenamento jurídico é criação humana, e que, como tal, pode ser mudado"*, e que o Positivismo Jurídico *"é muito mais radical que a positivação, consistindo numa epistemologia e numa ideologia de leitura do direito positivo, essencialmente metafísica, que crê, de uma forma um tanto quanto contraditória com a idéia de mudança inerente ao fenômeno da positivação, na auto-existência do objeto criado pelo homem, notadamente da lei, razão pela qual o Positivismo pretende converter o conhecimento jurídico em ciência."* (GALUPPO. [199-])

Esta análise impõe, então, como não poderia deixar de haver, a análise da lógica aristotélica ou analítica (silogismos) que constitui uma propedêutica à todas as ciências teóricas, práticas ou poéticas. A lógica, então, demonstra, sobre a base de determinados elementos e segundo determinadas estruturas, como se dá o pensamento.

Assim, a verdade ou a falsidade não se tem nas definições, mas, sim, no julgamento e na sua proposição ou enunciação (juízo lógico), onde se aplicam nexos precisos (afirmativos ou negativos) entre um predicado e um sujeito. A proposição verdadeira decorre da correspondência destes nexos com os que existem na realidade; caso contrário a proposição será falsa.

O professor GIOVANNI REALE ensina que:

> "a expressão lógica do juízo é a enunciação ou proposição. O juízo e a proposição constituem a forma mais elementar de conhecimento, a forma que nos dá a conhecer diretamente um nexo entre um predicado e um sujeito. O verdadeiro e o falso, portanto, nascem com o juízo, isto é, com a afirmação e com a negação: temos o verdadeiro quando, com o juízo, conjugamos aquilo que realmente é conjugado (ou se separa o que é realmente separado); já o falso temos quando, ao contrário, com o juízo, conjugamos aquilo que não é conjugado (ou se separa o que não é separado)." (REALE. 2003. P. 228/229)

E se o raciocínio verdadeiro consiste em uma sequência de julgamentos, a conexão desses julgamentos constitui o silogismo como forma perfeita do raciocínio, ou seja: considerado sob um ponto de vista apenas de coerência formal, sem se preocupar com o conteúdo, se tem o silogismo geral ou analítico; se considerar o conteúdo de verdade de suas premissas ter-se-á, então, o silogismo científico ou demonstrativo; se as premissas não forem verdadeiras, mas verossímeis e prováveis, o silogismo é dialético; e, se forem as premissas ambíguas e enganadoras, que na aparência parecem verdadeiras, o silogismo é erístico, isto é, retórico ou poético.

2.3.1 O discurso *apodíctico.*

O discurso ou raciocínio *apodíctico* ou demonstrativo se difere do discurso analítico, por ser o primeiro uma espécie do segundo, ou seja, se diferencia, não pela forma, mas, pelo conteúdo (verdadeiro ou falso) das premissas empregadas. E esta diferenciação se faz necessária para uma análise profunda da proposta escala de credibilidade que, por sua vez, do possível ao verossímil, deste para o provável e finalmente para o *apodíctico*, busca a demonstração, o certo ou o verdadeiro. Daí, a imersão no conhecimento científico e na teoria aristotélica do silogismo.

O prof. EDUARDO C. B. BITTAR referindo-se aos primeiros analíticos e segundos analíticos para a explicação da operação do raciocínio, escreve que:

> "Nos Priora percorre-se o termo, a proposição, o raciocínio demonstrativo, elucidam-se as figuras, categorizam-se as relações predicativas e assertóricas, etc. São dados os fundamentos de uma epistéme instrumental para a descrição do pensamento em seu funcionamento matemático. Nos Posteriora encontra-se Aristóteles no problema da ciência demonstrativa, alcançando, por fim, o que seja a definição a partir de explicações em torno da teoria do conhecimento. Os Priora são conditio sine qua para os Posteriora; são estes um apêndice daqueles primeiros.". (BITTAR, 2003. P. 241 a 243)

Ou seja,

> "uma postura que diferencia o falso conhecimento (a-metódico) do verdadeiro conhecimento (metódico). Remontando-se às causae causarum se pode topar com os principia, estes que são sempre o start proporcional de todo o silogismo científico ou apodítico". (BITTAR, 2003. P. 263 a 264)

Segundo Aristóteles, o raciocínio *apodíctico* é o conhecimento das essências, do necessário ou invariável, que parte sempre de premissas primeiras e verdadeiras, e, assim, se distinguindo da ciência analítica, se distingue, também, da *phrónesis*, que é a virtude que possibilita o conhecimento dos objetos contingentes, do que é variável, que parte de premissas apenas prováveis, baseadas em opiniões aceitas.

O raciocínio apodíctico, ou demonstrativo, é sempre um conhecimento de causas que, como princípio, fundam e estruturam algo, ou seja, é o conhecimento da condição ou da razão de algo ou do acontecimento de algo que nunca é verossímil ou provável, mas, sim, necessário e invariável, não sendo possível que a coisa seja de outro modo. Temos então que, para ARISTÓTELES, causa e princípio[28] têm o significado de condição e fundamento.

---

[28] Se a metafísica é a ciência mais elevada por não estar *"ligada às necessidades materiais"*, ou seja, por não se voltar para os *"objetivos práticos ou empíricos"*, é ela a busca das causas primeiras que Aristóteles, então, no que se refere também ao mundo do devir, reduz a quatro causas: *"causa formal; causa material; causa eficiente; e, causa final"*. As duas primeiras são a forma (essência) e a matéria das coisas e, assim, suficientes para explicar a realidade estática. Por exemplo, nesta perspectiva, o homem se reduz a um composto de *"forma (alma)"* e *"matéria (carne e osso)"*. No entanto, se considerarmos dinâmica a realidade, isto é, no seu devir, no que pode vir a ser, *"do produzir-se ou do corromper-se"*, a forma e a matéria já não dão razão de sua origem e de seu objetivo. Daí o recurso às duas outras razões ou causas: a eficiente, ou motriz, que é a responsável pela geração do ser (no caso, o pai que possibilita o nascimento do filho) e pela causa final, que é o fim (*télos*) para o qual tende o homem, isto é, o fim ou o objetivo para o qual tende o homem ou a realização da sua essência própria. Assim, os princípios de um carro são: o metal e a

Assim, considerando o conteúdo, a causalidade e a necessidade atribuem cientificidade ao conhecimento conforme, então, os Segundos Analíticos, ou seja, são os traços fundamentais que caracterizam a ciência. Os pressupostos de causalidade e necessidade se opõem ao que é apenas acidental, contingente e variável, e, ainda, se diferenciam, não pela forma, mas, pelo conteúdo (verdadeiro ou falso) das premissas empregadas, isto é, do discurso analítico ou silogismo em geral (Primeiros Analíticos); *"Com efeito, a demonstração é um determinado silogismo, mas nem todo silogismo é demonstração"* (Primeiros Analíticos, 25b, 30-1).

Se os objetos da ciência são necessários, se invariáveis ou não podendo ser de outra maneira, são eternos, ou seja, não os objetos propriamente ditos, mas, sim, os nexos entre os objetos e certas propriedades suas. O professor EDUARDO C. B. BITTAR ensina que: *"Os termos são finitos, mas as conclusões, infinitas, e o que se procura por meio da ciência são afirmações verdadeiras."* (BITTAR, 2003. P. 280). Por exemplo, *"nas ciências não cabe questionar se o triângulo existe ou não existe, pois este é um princípio, é o 'a partir do que' da ciência, cabendo-se demonstrar que o triângulo possui três lados e*

---

borracha como matéria, a idéia do carro como forma, o engenheiro como causa motriz, e o veículo por realizar, como objetivo. (REALE. 1990. P. 180/181).

uma certa angularidade (isósceles, escaleno, retângulo)." (BITTAR, 2003. P. 272), isto é, o nexo entre o triângulo e a propriedade sua de ter a soma dos ângulos internos igual a dois ângulos retos ou 180º (Pitágoras), é para sempre ou eterno.

O raciocínio analítico ou silogismo em geral, definido por Aristóteles, é o *"discurso (lógos) em que, postas certas coisas, algo de diferente das coisas estabelecidas necessariamente resulta do fato delas serem"* (*Primeiros Analíticos*, 24b 18/20).[29] Trata-se de um discurso que, determinado o nexo das premissas maior e menor e a consequência implicada com essas premissas, resulta em uma nova proposição ou conclusão. Isto é, dadas três proposições temos: se a conclusão resulta necessariamente das premissas (maior e menor) é porque as premissas são suficientes ou, mesmo, causas necessárias da conclusão.

O Professor GIOVANNI REALE bem explica o raciocínio analítico, escrevendo que:

> "não estamos raciocinando quando formulamos uma série de juízos e relacionamos uma série de proposições desconexas entre si. Entretanto, estamos raciocinando quando passamos de juízo para juízo, de proposições para

---

[29] Nos *Primeiros Analíticos*, Aristóteles estuda o raciocínio ou silogismo apenas em seus esquemas formais, ou seja, independente de seu conteúdo (verdadeiro ou falso). Por isso esse estudo foi posteriormente denominado pela tradição de lógica-formal.

proposições, que tenham determinados nexos entre si e, de alguma forma, sejam umas causas de outras, umas antecedentes e outras consequentes. Se não houver esse nexo e essa consequencialidade, não haverá raciocínio. O silogismo é praticamente o raciocínio perfeito, isto é, aquele raciocínio em que a conclusão a que se chega é efetivamente a consequência que brota, necessariamente, do antecedente." (REALE. 2003. P. 229)

E se a conclusão resulta de forma necessária pelo fato de já estar contida ou estabelecida nas premissas, podemos afirmar não haver criação de novas ideias, ou seja, dado o seguinte exemplo: se todos os homens são mortais (premissa maior) e se Sócrates é homem (premissa menor), então Sócrates é mortal (conclusão), podemos afirmar que

"o fato de Sócrates ser mortal é uma consequência que brota necessariamente do fato de se ter estabelecido que todo homem é mortal e que Sócrates, precisamente, é um homem.". (REALE. 2003. P. 229)

Assim, podemos entender que o raciocínio analítico ou silogismo geral, embora vinculado à causalidade e à necessidade de suas proposições[30], independe

---

[30] Se a inferência, passagem das premissas para a conclusão, se deu de modo correto, o raciocínio, então, é válido, embora possa ser falso.

da verdade de suas premissas, ou seja: Se todos os homens são estagiritas e se Sócrates é homem, então Sócrates é estagirita. Neste caso, o raciocínio, dada a perspectiva do conteúdo, é falso, no entanto, na perspectiva da forma, é logicamente válido, pois, neste caso, o que importa não é a veracidade da conclusão, mas, tão somente, a forma.

O raciocínio apodíctico, descrito por Aristóteles nos *Segundos Analíticos*, ou, simplesmente, *silogismo científico* ou demonstrativo, como já visto, é determinado pela forma causal e necessária aplicadas ao silogismo em geral, mas deste diferenciando-se pela exigência de premissas verdadeiras (conteúdo).

Assim, segundo Aristóteles:

> "Se conhecer cientificamente é, pois, como estabelecemos, também é necessário que a ciência demonstrativa parta de premissas verdadeiras, primeiras, imediatas, mais conhecidas, anteriores e causas da conclusão; pois, assim, também os princípios serão apropriados à coisa demonstrada. Haverá silogismo mesmo sem essas condições, mas não haverá demonstração, pois ele não produzirá ciência" (Segundos Analíticos, 71 b 19-25)

E, ainda, o Professor Giovanni Reale, explica a diferença entre o silogismo em geral e a demonstração:

"O silogismo enquanto tal mostra qual é a própria essência do raciocinar, isto é, qual a estrutura da inferência e, portanto, prescinde do conteúdo de verdade das premissas (e, consequentemente, das conclusões). Já o silogismo 'científico' ou 'demonstrativo' se diferencia do silogismo em geral precisamente porque, além da correção formal da inferência, também diz respeito ao valor de verdade das premissas (e das consequências). As premissas do silogismo científico devem ser verdadeiras, pelas razões apresentadas; além disso, devem ser 'primeiras', ou seja, não tendo necessidade, por seu turno, de ulteriores demonstrações, mais conhecidas e anteriores, isto é, devem ser, por si mesmas, inteligíveis, claras e mais universais do que as conclusões, porque devem conter a sua razão" (Reale, 2003. P. 229/230)

De tudo, podemos entender, ainda, que o silogismo é um processo, tal como se apresenta nos Analíticos, *"substancialmente dedutivo"*, dado que as verdades particulares são extraídas das verdades universais. No entanto, o próprio silogismo pressupõe, para alcance e coleta das verdades universais, ao contrário da dedução que procede dos universais: a indução que *"é o procedimento pelo qual do particular se extrai o universal."*; e, a intuição que é *"a captação pura dos princípios primeiros por parte do intelecto."* (Reale, 2003. P. 230). Assim, tanto o raciocínio analítico quanto o raciocínio apodíctico se valem, por sua vez, tanto da indução quanto da intuição para o alcance dos universais e, consequentemente, a construção do silogismo em geral.

Aqui vale lembrar que, segundo Sócrates, se o movimento é a causa de tudo o que devém e parece existir e o repouso como o não-ser ou a destruição, nenhuma coisa é em si mesma e que não há o que possas denominar com acerto ou dizer como é constituída[31]. Assim, se qualificarmos como eterno o nexo entre o triângulo e a propriedade sua, a partir da geometria euclidiana, de ter a soma dos ângulos internos igual a dois ângulos retos ou 180º, estaríamos negando a indução e a intuição para a busca e o alcance dos universais e, consequentemente, pela construção de novos nexos de juízo para juízo, de proposição para proposição, a realização do raciocínio ou silogismo.

A constatação da afirmação acima, da negação da indução e da intuição para a busca e o alcance dos universais, se pode observar o tempo em que aquela propriedade do triângulo foi sustentada como invariável, necessária e, ainda, verdadeira na perspectiva do raciocínio científico, pois, somente em meados do século XIX, GAUSS, o húngaro WOLFANG BOLYAY e o russo N. I. LOBACHEVSKY, foram os primeiros a perceber coerentes os resultados a que se chegou a partir da proposta que consistia em se negar o V postulado[32] de

---

[31] Ver nota n.5, p. 21.

Euclides, ou seja, tentar obter uma demonstração do postulado das paralelas pelo método da redução ao absurdo.

Esta coerência, nominada geometria não-euclidiana, se faz entender, inicialmente, a partir de um modelo intuitivo, ou seja, no mundo da ficção, suponhamos a existência de um mundo bidimensional, como, por exemplo, a superfície de uma esfera, habitada por seres bidimensionais, chatos como uma folha de papel e sem conhecer a terceira dimensão. Neste mundo, toda reta será o que chamamos de circunferência do círculo. Daí, então, observar-se-á[33] que por um ponto P fora de uma reta R não podemos traçar nenhuma paralela a R e, ainda, que a soma dos ângulos internos de um triângulo será maior que 180°, na verdade serão três ângulos retos que somados dão 270°.

A nominada geometria não-euclidiana, se faz entender, também, a partir de um modelo indutivo, ou seja, se considerarmos a superfície um tecido de curvas, a descrição de

---

[32] V postulado: se uma reta transversal t ao cortar duas outras s e r forma, de um mesmo lado, ângulos internos menores que dois retos (180°), então s e r são concorrentes.

[33] Alguns postulados da geometria euclidiana serão os mesmos, ou seja, considerando a circunferência dos círculos máximos, teremos: a menor distância entre dois pontos é o segmento de reta que passa pelos mesmos; por um ponto P poderemos traçar infinitas retas; dois pontos A e B determinam uma única reta ou círculo máximo.

uma esfera impõe que as linhas de referência sejam os círculos. E se dos muitos conjuntos de curvas com os quais se pode tecer uma superfície, destaca-se o conjunto de curvas geodésicas ou simplesmente o caminho de menor distância entre dois pontos da superfície. Então, podemos concluir que, toda reta será uma circunferência do círculo[34].

Neste sentido, podemos observar que Aristóteles, refutando a afirmação platônica de que os números e objetos matemáticos em geral são "entidades ideais separadas das sensíveis", propunha que:

> "nós podemos considerar as coisas sensíveis, prescindindo de todas as outras co-propriedades, somente como corpos com três dimensões; depois, prosseguindo o processo de abstração, podemos ainda considerar as coisas somente segundo duas dimensões, isto é, como superfícies, prescindindo de todo o resto; continuando, podemos considerar as coisas só como comprimento e depois como unidades indivisíveis, tendo porém uma posição no espaço, ou seja, só como pontos; por fim, também podemos considerar as coisas como unidades puras, ou seja, como entidades indivisíveis e sem posição espacial, isto

---

[34] Quanto maior for o raio mais o arco perderá a sua curvatura, aproximando-se da reta. Do mesmo modo que a curvatura será menos acentuada quanto maior for o raio. Daí a afirmação de que a curvatura de um círculo é definida como o inverso de seu raio.

é, como unidades numéricas." (REALE. 1990. P. 196/197)

Neste sentido, segundo Aristóteles, se os números e os objetos matemáticos não são entidades nem reais nem irreais, o são em potência ou existem potencialmente nas entidades sensíveis, sendo que, em ato, a nossa racionalização os separa por abstração.[35] Aristóteles, ainda, ensina que:

> "eles são entes de razão, que, 'em ato', só existem em nossa mente, precisamente em virtude de nossa capacidade de abstração (ou seja, existem como 'separados' somente na e pela mente), enquanto, 'em potência', existem nas coisas como sua propriedade intrínseca." (REALE. 1990. P. 197)

De tudo, podemos observar que se negarmos o movimento de tudo o que devém, em oposição ao que é ou ao que deve ser, ao repouso como o não-ser ou a destruição, as coisas serão em si mesmas, podendo denominar com acerto ou dizer como são constituídas em verdade. Em contra-partida, podemos observar este movimento (funcionamento) na intuição ou na indução,

---

[35] O movimento é a passagem do ser em potência para o ser em ato, ou seja, segundo Aristóteles, o movimento é "o ato ou a transformação em ato daquilo que é potência enquanto tal". E ainda, "Em relação ao ser-em-ato, o ser-em-potência pode ser considerado não ser, mais precisamente, não-ser-em-ato." (REALE. 1990. P. 192)

quando da busca e alcance dos universais, e, consequentemente, na verificação e comprovação (funcionamento apropriado)[36] que se dá no raciocínio ou discurso dialético ou tópica aristotélica.

E se entre os raciocínios ou discursos não há uma divisão por partes reais e incomunicáveis, mas, sim, uma divisão por funções (movimento ou funcionamento apropriado de cada uma) para a apreensão ou da verdade prática ou da verdade teorética, é que passamos ao estudo do discurso ou racionalidade dialética, buscando a unicidade das quatro modalidades de discursos, inicialmente propostas, e que se diferenciam, basicamente, por funções articuladas entre si e, portanto, necessárias à construção do conhecimento, ou seja, por seus graus de prova ou credibilidade.

2.3.2 O discurso dialético ou tópica aristotélica.

Zenão de Eléia, discípulo de Parmênides (fundador da escola eleática), demonstrou a refutação da refutação ou a demonstração por absurdo, isto é, demonstrando o absurdo das teses que refutavam o princípio de que os opostos, tomados como idênticos e imobilizados, eram

---

[36] "virtude de uma coisa é relativa ao seu funcionamento apropriado." (Ética a Nicômaco. 1139 a, 15)

pensados como incluídos na unidade superior do ser[37], portanto opostas ao eleatismo[38]. Por esta razão, Zenão de Eléia é o precursor da dialética.

Esta dialética[39], ou demonstração por absurdo[40], consistia basicamente em um conjunto de técnicas argumentativas com as quais ele buscava refutar os argumentos daqueles que defendiam o movimento e a multiplicidade dos fenômenos ou entes. Os argumentos de Zenão de Eléia influenciaram a

---

[37] Dada a dinâmica dos opostos, do positivo ou ser e do negativo ou não-ser, Parmênides afirma o erro de não compreender que os opostos *"devem ser pensados como incluídos na unidade superior do ser"*, isto é, *"ambos os opostos são 'ser'"*. Assim, com uma dedução dos fenômenos, o oposto luz e noite, claro e escuro, Parmênides afirma que *"com nenhuma das duas está o nada, ou seja, que ambas são 'ser'"*, e que, portanto, *"deviam perder qualquer caráter diferenciador e tornar-se idênticas, precisamente porque ambas são 'ser' e o 'ser' é todo 'idêntico'"*. (REALE. 1990. P. 55/56)

[38] Eleatismo foi a escola cujo fundamento ou princípios são: *"a unidade, imutabilidade e necessidade do ser, expressa pela frase: 'só o ser é e não pode não ser'"*; e, *"acessibilidade do ser só para o pensamento racional e condenação do mundo sensível e do conhecimento sensível como aparência"* (ABBAGNANO. 2003. P. 308).

[39] A demonstração que é chamada *por absurdo* é, substancialmente, uma perspectiva de Zenão, como descrito.

[40] Dentre os argumentos temos os chamados paradoxos, são eles: dicotomia; Aquiles; flecha; o correlacionado a velocidade e, outro, a multiplicidade. Ver Giovanni Reale. 1990. P. 57.

sofística, o método socrático e mesmo a lógica demonstrativa.

O método socrático, de caráter ético e educativo, baseava-se na dialética, consistindo em *"despojar a alma da ilusão do saber, curando-a dessa maneira a fim de torná-la idônea a receber a verdade"*. A dialética em Sócrates, consistia em um método, mesmo que se valendo de uma demonstração por absurdo, de natureza ética e educativa. (REALE. 1990. P. 95/96)

A dialética socrática se desenvolvia pela *"refutação"* e pela *"maiêutica"*.[41] A primeira[42] parte do método era a destrutiva, com a qual Sócrates procurava levar seu interlocutor a uma situação de *aporia*,

---

[41] Ver nota de nº 7.

[42] A refutação consistia em levar o interlocutor a reconhecer e declarar, mesmo que intimamente, sua própria ignorância. *"Primeiro, ele forçava uma definição do assunto sobre o qual centrava-se a investigação; depois, escavava de vários modos a definição fornecida, explicitava e destacava as carências e contradições que implicava; então, exortava o interlocutor a tentar uma nova definição, criticando-a e refutando-a com o mesmo procedimento; e assim continuava procedendo, até o momento em que o interlocutor se declarava ignorante. É evidente que a discussão provoca irritação ou reações ainda piores nos sabichões e nos medíocres. Mas, nos melhores, a refutação provoca o efeito de purificação das falsas certezas, ou seja, o efeito de purificação da ignorância, a tal ponto que Platão podia escrever a esse respeito: '(...) Por todas essas coisas, (...) devemos afirmar que a refutação é a maior e mais fundamental purificação'"*. (REALE. 1990. P. 98/99)

forçando-o, ao menos intimamente, a reconhecer sua própria ignorância em relação ao assunto examinado. Já, a segunda parte do método[43] era a construtiva, pela qual Sócrates procurava, através da maiêutica ou dialética bem conduzida, levar seu interlocutor a uma aproximação da verdade sobre o problema posto, qualquer que seja ele.

Platão se vale do método dialético socrático, concebendo-o, ainda, como um procedimento lógico necessário para acesso ao que é inteligível, de modo que se pode afirmar que a dialética é um traço essencial de sua filosofia. O professor Giovanni Reale, nos ensina que:

> "Antigas fontes nos referem que, na Academia, Platão ministrou cursos intitulados Sobre o bem, cujo teor ele não quis escrever. Em tais cursos, discorria sobre realidades últimas e supremas, ou seja, sobre os primeiros princípios,

---

[43] A construção consistia na concepção de que a alma só poderia alcançar a verdade se estivesse grávida, ou seja, a dialética socrática na perspectiva da ética e da educação. Sócrates *se professava ignorante e, portanto, negava firmemente estar em condições de transmitir saber ao outros ou, pelo menos, saber constituído por determinados conteúdos. Mas, da mesma forma que a mulher que está grávida no corpo tem necessidade da parteira para dar à luz, também o discípulo que tem a alma grávida de verdade tem necessidade de uma espécie de arte obstétrica espiritual que ajude essa verdade a vir à luz – e nisso consiste exatamente a 'maiêutica' socrática"* (REALE. 1990. P. 99)

O processo discursivo, intuitivo e indutivo, pelo qual o intelecto passa ascendendo de ideia para ideia, ou seja, superadas as sensações e os elementos do mundo sensível e captadas as ideias na sua pureza juntamente com os nexos e implicações, constitui a dialética que, por conseguinte, em Platão, se realiza em dois momentos: um ascendente que, *"liberta dos sentidos e do sensível, conduz às Ideias e, posteriormente, ascendendo de Ideia em Ideia, alcança a Ideia suprema"* [44]; e um descendente que, percorrendo o caminho em uma perspectiva inversa,

"parte da Ideia suprema ou de Ideias gerais e, por um processo de divisão ou diairético, isto é, mediante a distinção

---

[44] *"O método da dialética é o único que procede, por meio da destruição das hipóteses, a caminho do autêntico princípio, a fim de se tornar seguros os seus resultados, e que realmente arrasta aos poucos os olhos da alma da espécie de lodo bárbaro em que está atolada e eleva-os às alturas, utilizando como auxiliares para ajudar a conduzi-los as artes que analisamos"* (Platão. A República. 1949. 533 c-d).

progressiva das Ideias particulares contidas nas Ideias gerais, consegue estabelecer a posição que uma Ideia ocupa na estrutura hierárquica do mundo das Ideias" (...) "nisso consiste a verdade". (REALE. 1990. P.149/150)

Neste sentido, a dialética platônica é um discurso ou método de universalização, não sobre as formas inteligíveis, mas, sim, do alcance ou intuição dessas formas. E o objeto final da ascensão dialética é poder, não só contemplar, mas, poder descender na busca da verdade.

A distinção entre *dianóia* (inteligência discursiva) e *noûs* (intuição) na *República* retrata precisamente isso, ou seja, não se trata de uma intuição imediata, mas, sim, de uma intuição mediata e racional que só se mostra possível na dialética ou *dianóia*.

O professor GIOVANNI REALE, acrescenta que:

"Em A República, Platão parte do princípio segundo o qual o conhecimento é proporcional ao ser, de modo que aquilo que é ser em grau máximo pode, com exclusividade, ser perfeitamente conhecido, posto que o não-ser é absolutamente incognoscível. Entretanto, como existe uma realidade intermediária entre o ser e o não-ser, isto é, o sensível, que é mescla de ser e não-ser enquanto sujeito ao devir, Platão acaba por concluir que também desse 'intermediário' existe um conhecimento igualmente intermediário entre ciência e ignorância:

um tipo de conhecimento que não se identifica com o conhecimento verdadeiro, cujo nome é 'opinião' (doxa)" (REALE. 1990. P. 148)

Esta intuição mediata e racional, embora súbita, é possível apenas em face do esforço dialético. O pensamento de Platão é, essencialmente, *aporético*, e o mito da caverna[45] é o que expressa Platão nesta perspectiva. O mito da caverna *"traduz os diversos graus em que ontologicamente se divide a realidade, isto é, os gêneros do ser sensível e do supra-sensível com suas subdivisões"*, ou seja, desde as sombras no interior da caverna (sensível) até as coisas do lado de fora da caverna (supra-sensíveis), o muro na porta da caverna como a linha divisória entre o sensível e o supra-sensível, inclusive o sol. Este último é o bem em si, cujo conteúdo possibilita um novo sentido para as realidades visíveis e sensíveis. E ainda, nesta perspectiva, podemos considerar os graus do conhecimento nas espécies a partir do gênero sensível e supra-sensível, ou seja, a imaginação na visão das sombras, a crença na visão das estátuas, a dialética na visão das estátuas para a visão dos objetos verdadeiros e a intelecção pura na visão do sol. (REALE. 1990. P. 167/168)

A dialética é, em Aristóteles, uma forma de racionalidade descrita nos oito livros dos *Tópicos* e no livro intitulado *Refutações*

---

[45] Ver Platão. A República. 1949. cap. VII.

Sofisticas, continuação natural e, por isso, o nono livro dos *Tópicos*. A dialética definida por Aristóteles se dá no início dos *Tópicos*:

> "nosso tratado se propõe encontrar um método (méthodos) de investigação através do qual possamos raciocinar, partindo de opiniões geralmente aceitas (endóxa), sobre qualquer problema que nos seja proposto, e sejamos também capazes, quando replicamos a algum argumento, de evitar dizer alguma coisa que nos cause embaraços" (ARISTÓTELES. 1973. TÓPICOS. 100 a, 18-20)

Se pode observar que seu ponto de partida não é, como no discurso ou conhecimento científico, as premissas primeiras e verdadeiras, mas as *opiniões* amplamente reconhecidas ou geralmente aceitas. E que os raciocínios dialéticos não são limitados a determinados objetos, podendo ser realizados sobre qualquer problema. A dialética é, então, um método de discussão de problemas a partir de opiniões geralmente aceitas, os chamados *endóxa*. E, ainda, além do silogismo dialético derivar de premissas fundadas na opinião, um silogismo também pode derivar de premissas que aparentemente são fundadas na opinião, quando na realidade não o são; tem-se aí o silogismo erístico, ou seja, retórico ou poético.

Até aqui, já podemos observar que, a ironia e a maiêutica socrática, dotada de um impulso poético, originou em Platão um discurso que, ascendente e descendente, é sempre aberto em uma busca incessante. Já, esta mesma ironia e a maiêutica socrática, dotada de um impulso poético, originou em Aristóteles, com enorme interesse pelas ciências empíricas, *"a sistematização orgânica das várias aquisições, à distinção dos temas e problemas segundo sua natureza e também à diferenciação nos métodos com que se pode enfrentar e resolver os diversos tipos de questões"*. (REALE. 1990. P. 178)

O discurso ou raciocínio dialético, cujo instrumento é a argumentação, é uma inferência que conclui a partir de premissas, ou seja, um silogismo que segue as regras preconizadas por Aristóteles nos Primeiros Analíticos. E, ainda, um silogismo dialético que, na perspectiva aristotélica, toma o problema como objeto ou como ponto de partida, e é por ele definido como uma alternativa interrogativa entre duas proposições; neste ponto, se distinguindo do silogismo científico ou demonstrativo.

ARISTÓTELES demonstra, nos Tópicos, que:

> "A diferença entre um problema e uma proposição é uma diferença na construção da frase. Porque, se nos expressarmos assim: 'um animal que caminha com dois pés é a definição do homem, não é?', ou: 'animal é o gênero do homem, não é?', o resultado é uma proposição; mas se dissermos: 'é animal que caminha com

dois pés a definição do homem não é?', ou: 'é animal o seu gênero ou não?', o resultado é um problema. E do mesmo modo em todos os outros casos. Naturalmente, pois, os problemas e proposições são iguais em número, pois em cada proposição poderemos fazer um problema se mudarmos a estrutura da frase". (ARISTÓTELES. 1973. TÓPICOS. 101 b, 25-35)

No silogismo dialético, uma pergunta gera inúmeras possibilidades de respostas sem que se restrinja o campo de investigação; a provocação se dá pela apresentação de uma hipótese, ou seja, uma pergunta que irá provocar uma discussão. Caso não seja a hipótese confirmada, nada obsta que sejam descartadas possibilidades, tantas quantas forem necessárias, e que se tome outra direção ou possibilidade. Sem perder esta perspectiva, Aristóteles ressalta a valorização do caráter interrogativo da dialética, ou seja, das regras da discussão que, bem conduzida, reflete o caráter formal do método dialético e sua independência do conteúdo examinado.

ARISTÓTELES ressaltando a característica de universalidade da dialética, afirma que: *"está claro que a arte de examinar (dialética) não comporta o conhecimento de nenhum assunto definido".* (Refutações Sofísticas, 172 a, 27)

O problema, por si só, não é suficiente para deflagrar uma discussão nos moldes do silogismo dialético, pois, é imprescindível que os contendores elejam as premissas, ou pontos de partida, a partir das quais a discussão terá início, sob pena de se perderem em um discurso ou raciocínio *erístico*.

ARISTÓTELES, diferenciando silogismo dialético e silogismo demonstrativo (científico), define a opinião ou *endóxa* (opiniões geralmente aceitas); ou seja:

> "O raciocínio é uma 'demonstração' quando as premissas das quais partes são verdadeiras e primeiras, ou quando o conhecimento que delas temos provém originariamente de premissas primeiras e verdadeiras; e, por outro lado, o raciocínio é 'dialético' quando parte de opiniões geralmente aceitas. São 'verdadeiras' e 'primeiras' aquelas coisas nas quais acreditamos em virtude de nenhuma outra coisa que não seja elas próprias; pois, no tocante aos primeiros princípios da ciência, é descabido buscar mais além o porquê e as razões dos mesmos; cada um dos primeiros princípios deve impor a convicção da sua verdade em si mesmo e por si mesmo. São, por outro lado, opiniões 'geralmente aceitas' aquelas que todo mundo admite, ou a maioria das pessoas, ou os filósofos - em outras palavras: todos, ou a maioria, ou os mais notáveis e eminentes" (ARISTÓTELES. 1973. TÓPICOS. 100 a, 25 – 100 b, 20)

Opiniões ou *endóxa* são, assim, premissas admitidas como a base para a discussão, premissas que têm seu fundamento em opiniões amplamente aceitas e que, por esta razão, não têm que necessariamente ser verdadeiras, mas, tão somente, prováveis.

Do tratado da Tópica ou dialética se extraem, para Aristóteles, algumas utilidades, como: o adestramento do intelecto para as disputas casuais e para as suscitações de dificuldades significativas nas ciências filosóficas, ou seja, para o entendimento ou conhecimento dos argumentos relativos a qualquer tema proposto, inclusive o fundamento e a opinião amplamente ou geralmente aceita, assim:

> "Que ele é útil como forma de exercício ou adestramento, é evidente à primeira vista. A posse de um plano de investigação nos capacitará para argumentar mais facilmente sobre o tema proposto. Para as conversões e disputas casuais, é útil porque, depois de havermos considerado as opiniões defendidas pela maioria das pessoas, nós as enfrentaremos não nos apoiando em convicções alheias, mas nas delas próprias, e abalando as bases de qualquer argumento que nos pareça mal formulado. Para o estudo das ciências filosóficas é útil porque a capacidade de suscitar dificuldades significativas sobre ambas as faces de um assunto nos permitirá detectar mais facilmente a verdade e o erro nos diversos pontos e questões que surgirem. Tem ainda utilidade em relação às bases últimas dos princípios usados nas diversas ciências, pois é completamente impossível discuti-los a partir dos princípios peculiares à ciência particular que temos diante de

> nós, visto que os princípios são anteriores a tudo mais; é à luz das opiniões geralmente aceitas sobre as questões particulares que eles devem ser discutidos, e essa tarefa compete propriamente, ou mais apropriadamente, à dialética, pois esta é um processo de crítica onde se encontra o caminho que conduz aos princípios de todas as investigações" (ARISTÓTELES. TÓPICOS. 1973. 101 a, 25 – 101 b)

Como podemos observar, a dialética ou Tópica aristotélica se caracteriza pela máxima[46] reivindicação platônica como pela máxima busca das essências socráticas. A dialética ou Tópica aristotélica não perde o caráter ontológico que possuía em Platão, mas, é apenas reformulada dada as discordâncias gnoseológicas em relação a doutrina do mestre[47], ou seja, a dialética socrática, concebida a partir de uma reformulação metodológica, traduz-se como um método lógico de controle do discurso ou raciocínio apodíctico, ou ciência. Neste

---

[46] Trata-se, não de uma máxima perfeição, mas, sim, de uma máxima delimitação ou demonstração das premissas que irão compor o silogismo.

[47] *"O império da persuasão é, assim, para Platão, menos que o império da razão; o estudo do problema argumentativo é aqui esboçado, isto pois a crítica de Eutidemo recai exatamente no fato de que não são os sofistas verdadeiramente espertos em todas as matérias, como pretensamente se apresentam à Sócrates, mas em construção lógica do discurso."* (BITTAR. 2003. P. 293)

sentido, o professor OLAVO DE CARVALHO acrescenta que *"o método de Aristóteles torna possível uma metafísica apta a confrontar os pontos de vista complementares que exprimem a diversidade das causas"*. (CARVALHO. 1996. P. 119)

A utilidade da dialética está na capacitação metodológica para as discussões, tornando possível o conhecimento dos argumentos relativos a qualquer tema proposto. Mas, é na procura dos princípios científicos que o uso da dialética encontra relevância. A verdade científica, para Aristóteles, surge pela prática do método *diaporemático* ou *diaporia,* ou seja, o método necessário que percorre o caminho da *aporia à euporia* (solução), pois, é examinando criticamente os problemas ou contradições apresentadas que, por sucessivas induções e intuições, se prepara o campo para o conhecimento ou visão (*noûs*) dos princípios da ciência.

Sem a dialética ou Tópicos aristotélicos, como uma pré-condição metodológica necessária para todo o discurso ou raciocínio apoctídico ou demonstração, é nula a utilidade do silogismo, pois, este não poderia adquirir forma concreta.

E, ainda, a dialética, agora nos encontros cotidianos, como a capacitação metodológica para as discussões, torna possível o conhecimento dos argumentos relativos a qualquer tema proposto ou matéria corrente. Este uso é o mais amplo, dada a oportunidade de raciocinar em todas as circunstâncias e a propósito de tudo.

Mas é preciso salientar que os usos mais relevantes da dialética foram abandonados a partir do racionalismo clássico Cartesiano.[48] Neste período, as diferenças entre retórica e dialética dissolviam-se em uma única ciência, ou seja, a dialética era simplesmente uma retórica mais técnica que se ocupava do verossímil. No entanto, as teorias retóricas da argumentação de Viehweg e Perelman representam a argumentação no sentido de resgatar essa dimensão da racionalidade aristotélica e, com ela ou a partir dela, fundar uma nova metodologia jurídica, desvinculada da ideia de apodicticidade e necessidade lógica das conclusões.[49]

O professor OLAVO DE CARVALHO esclarece sobre os liames essenciais entre a retórica e a dialética,

---

[48] O racionalismo clássico iniciado por Descartes, já no século XVII, seguido por Leibniz e Espinoza, toma como pressuposto inicial a razão como a única faculdade que pode conduzir o homem ao conhecimento da verdade, ou seja, a razão que se opõe aos sentidos por serem considerados enganosos e que as ideias e princípios não procedem da experiência, mas, sim, das verdades primeiras e fundamentais (ideias inatas) que por dedução se obtém as demais. (RUSSEL. 2001. P. 276/292 e CANTO-SPERBER. 2003. P. 412/418)

[49] Sobre esta questão, de uma teoria retórica da argumentação desvinculada da ideia de apodicticidade e necessidade lógica das conclusões, nos deteremos mais adiante.

argumentando que, de fato, Aristóteles define, no início de sua *Retórica,* a disciplina em exame como análoga[50] à dialética:

> "Se Aristóteles, desde jovem, já possuía o método dialético integral, então ele o criou durante os anos em que lecionava Retórica na Academia Platônica. A Retórica e a Dialética desenvolveram-se, portanto, simultaneamente e em íntima associação, e não está depois daquela. O próprio Aristóteles situa a Dialética como um aprofundamento teórico da Retórica e a Retórica como uma expressão 'política' da Dialética. Neste caso, porém, a separação dos Tópicos e da Retórica, feita mais tarde por Andrônico[51], só tem o valor de um arranjo editorial, e não reflete o parentesco estreito das duas ciências tal como o imaginava Aristóteles" (Carvalho, 1996: 120)

Em sendo o objeto da retórica o verossímil, o da dialética é o provável. A

---

[50] Se a retórica é análoga à dialética, a retórica é uma técnica como a dialética, ou seja, um saber de ordem lógico-formal que não se refere a nenhum objeto ou ciência; trata-se de uma cumplicidade formal comum aos âmbitos retórico e dialético. Neste sentido, a retórica, como uma modalidade de discurso análogo à dialética, é dotada da mesma universalidade da técnica contida nos Tópicos. Rhetorique est assecutiva Dialecticae ou a retórica é antístrofos da dialética é empregado textualmente por Aristóteles. (ARISTÓTELES. RETÓRICA. 1354 a, 1/5)

[51] Andrônico de Rodes, compilador dos escritos aristotélicos no século I a.C. (CARVALHO, 1996. P. 120)

dialética é um aprofundamento da retórica por não se contentar com a verossimilhança e por exigir prova consensual e racionalmente admitida, motivo pelo qual abarca a ideia de *tópos*[52] ou lugar da argumentação. Neste sentido, o professor EDUARDO C. B. BITTAR argumenta que:

> "O termo tópos é a expressão do objeto da tratadística, isto porque este não é nada diverso do silogismo dialético, forma de silogismo que não se partem de premissas verdadeiras, mas prováveis, comumente exploradas, desenvolvidas e aceitas como plausíveis por todos, alguns ou poucos dos homens. A temática revolve problemas que aproximam Aristóteles da Academia e da maiêutica socrática. Aliás, esta última aliada à contextura maior da sofística, é o móvel do debate que se alarga de questões técnicas – como formular perguntas e respostas – a questões éticas – como debater dentro dos limites da lealdade intelectual." (BITTAR. 2003. P. 292)

Trata Aristóteles, nos *Tópicos*, dos *topói*[53] que, derivado da retórica, vêm designar os esquemas formais de argumentação, pelos quais se verifica, em cada caso, a exatidão de uma atribuição, ou seja, não se trata apenas de termos[54] que

---

[52] Um termo que está no singular e designa a Tópica aristotélica.

[53] Um termo que está no plural e designa lugares ou instrumentos da dialética ou Tópica aristotélica.

combinados dão origem à formulação, mas, sim, expressão à *"definição"*, a *"propriedade"*, o *"gênero"* e o *"acidente"*. (ARISTÓTELES. TÓPICOS. 1973. 101 b, 35)

A dialética, que toma as premissas prováveis ou as fundadas na opinião, é um método que designa toda investigação que tem por objeto, não os elementos fundados cientificamente, mas, sim, os elementos fundados na opinião ou, também, contingentes, vinculando-se, portanto, ao silogismo prático e à *phrónesis* que, como Aristóteles indica nos Tópicos, *é* a virtude da razão prática ou calculativa, ou seja:

> "Assim, por exemplo, como é uma propriedade da 'sabedoria' ser essencialmente 'a virtude natural da faculdade racional', então, tomando-se da mesma maneira cada uma das demais virtudes, seria uma propriedade da 'temperança' o ser essencialmente 'a virtude natural da faculdade do desejo'". (...) "definindo a 'sabedoria' como a virtude do 'homem' ou da 'alma' ao invés da 'faculdade racional', já que a sabedoria é primeiramente a virtude da faculdade racional, pois é devido a ela que se diz tanto do homem como da alma

---

[54] Categorias ou predicamentos. *"Quando nos detemos nos termos da formulação, isolados e tomados cada qual em si mesmo, não temos nem verdade nem falsidade: a verdade (ou falsidade) não está nunca nos termos tomados singularmente, mas somente no juízo que os conecta e na formulação que expressa essa conexão."* (REALE. 1990. P. 212)

que são sábios". (ARISTÓTELES. TÓPICOS. 1973. 136 b, 11 e 145 a, 29)

2.3.3 O discurso retórico.

A arte retórica, segundo Platão, não passa de pura adulação, vício e falsificação do verdadeiro; trata-se da habilidade, embora sem saber, de persuadir com maior facilidade em relação à habilidade do que verdadeiramente sabe, pois se dirige à parte crédula e instável da alma, ou seja:

> "como a arte pretende imitar todas as coisas sem delas possuir verdadeiro conhecimento, da mesma forma a retórica busca persuadir e convencer a todos sobre tudo sem dispor de conhecimento algum" (...) "Os poetas e retóricos estão para os filósofos assim como as aparências estão para a realidade e as imitações sensíveis da verdade estão para a própria verdade".(REALE. 1990. P. 151)

Assim, à Aristóteles cabe a ideia de uma retórica científica[55] que, dada a distinção entre raciocínio apodíctico, raciocínio dialético e raciocínio erístico (retórico e poético), bem como a dessemelhança entre verdade e opinião, se define como um estudo metódico sobre os caracteres essenciais de um objeto qualquer ao qual se dedicam os retores[56]

---

[55] Ver nota nº 9, p. 19.

[56] A diferença que se verifica entre o retor por ciência e

por ciência ou cientistas. O professor GIOVANNI REALE complementa argumentando que:

> "a dialética estuda as estruturas do pensar e do raciocinar que se movem não com base em elementos fundados cientificamente, mas sim em elementos fundados na opinião, ou seja, aqueles elementos que se apresentam como aceitáveis para todos ou para a grande maioria dos homens. Analogamente, a retórica estuda os procedimentos com os quais os homens aconselham, acusam, defendem-se e elogiam (com efeito, essas são todas as atividades específicas do persuadir) em geral, não movendo-se a partir de conhecimentos científicos, mas de opiniões prováveis" (REALE. 1990. P. 219)

Se a argumentação retórica não se move *"a partir de premissas originárias de que parte a demonstração científica"*, mas, sim, a partir das *"convicções comumente admitidas de que parte também a dialética"*, Aristóteles restaura o valor da opinião que fundada no consenso, dada a persuasão e a crítica, é desvinculada do arquétipo da mera arbitrariedade. Neste sentido, segundo

---

o retor por intenção não é por meio de critérios objetivos, mas, sim, por meio ou a partir da investigação do elemento anímico que, concernente e pertencente a alma, fomenta e é inspiração para o retor (operador da retórica) na enunciação e na proposição, dada a faculdade verbal.

Aristóteles, a arte retórica não é criadora; a arte retórica não cria. (REALE. 1990. P. 219)

Assim, podemos entender que, tanto para Aristóteles quanto para Platão, a função da retórica não é a de *"ensinar e treinar em torno da verdade ou de valores particulares"*, mas, sim, a de persuadir ou *"descobrir quais são os modos e meios para persuadir"*[57]. (REALE. 1990. P. 219) No entanto, em um período imediatamente anterior às investigações de Aristóteles, ainda no século V a.C., é que se pode observar que a retórica traz para a pólis

> "uma forma de paidéia voltada para o próprio espírito do homem enquanto homem", ou seja, "as capacidades de raciocinar (noûs) e de produzir o discurso (lógos) convertem-se logo em instrumentos de persuasão e convencimento no convívio social" (BITTAR. 2003. P. 1283)

Aristóteles define a retórica como:

> "a faculdade de descobrir em todo assunto o que é capaz de persuadir. Esta, com efeito, não é função de nenhuma arte; cada uma das artes tem em vista o ensinamento e a persuasão sobre o próprio objeto: a medicina, sobre os casos de saúde e de enfermidade, a geometria sobre as variações que ocorrem nas grandezas, a aritmética, sobre os

---

[57] Ver também ARISTÓTELES. RETÓRICA. 1355 b, 10/15.

números, e de modo semelhante as outras ciências. A retórica, ao invés, parece poder descobrir o que persuade, por assim dizer, sobre qualquer assunto dado". (ARISTÓTELES. RETÓRICA. 1355 b, 20/35)

O discurso retórico, que tem por meta a produção de uma crença firme ou decisão na alma do ouvinte, propicia a persuasão a partir de razões verossímeis que, ao contrário do discurso dialético, cujo convencimento se dá por provas racionais da probabilidade ou não de uma tese ou problema, sustenta-se apenas com o imediato proveito prático, ou seja, com a influência sobre o ouvinte por um determinado e curto período de tempo, pouco importando uma posterior mudança de opinião.

E é considerando o movimento ou discurso retórico que a persuasão (fazer ou agir) deve ser direta e de fácil compreensão, ou seja:

> "O discurso retórico, por sua vez, emite sempre uma ordem ou pedido que, mesmo implícito, será sempre concreto e determinado; motivo pelo qual tem de ser de inteligibilidade literal e imediata (isto é, imediatamente referida às circunstâncias práticas que lhe interessam)." (Carvalho, 1996: 108)

O discurso ou raciocínio retórico toma a verossimilhança como seu objeto com o objetivo da persuasão em um determinado instante e não com o objetivo de provar algo ao seu interlocutor. [58] Podemos, então, inteligir que

> "manietando-se as palavras, gradativamente abandona-se a perspectiva do conteúdo do discurso; lustrando-se o bom uso do lógos, despedia-se a elocução da pretensão de comunicar a verdade e o eticamente equilibrado". (BITTAR. 2003. P. 1284)

A argumentação retórica se move, então, a partir das convicções comumente admitidas de que também parte a dialética, e, assim, se vale da prova[59] que se designa sob

---

[58] Tomando o verossímil como objeto e a persuasão como objetivo é que podemos, então, entender o exemplo dado: "O advogado que discursa no foro não pretende transformar de maneira profunda e duradoura a alma dos jurados, mas apenas persuadi-los a absolver ou a condenar o réu naquela precisa circunstância. Se depois eles se arrependerem dos votos, pouco importa: a influência da retórica termina no ponto exato em que a ação se desencadeou conforme o esperado" (Carvalho, 1996: 107).

[59] *"provas de persuasão que, em verdade, constituem uma modalidade de demonstração"* (BITTAR. 2003. P. 1293). Para a determinação das provas em retórica podemos afirmar que: *"podem depender de uma atividade de convencimento (1), e para esta atividade é mister o conhecimento da techné rhetorikés, ou independer de uma atividade de convencimento (2). Na primeira hipótese, está-se diante das provas atécnicas, e, na segunda, diante das provas técnicas"* (...) *"Onde a prova é bastante por si só e independente de qualquer espécie de argumento, pois, por exemplo, o documento*

dois aspectos: como exemplo e como entimema. O exemplo, como um raciocínio que conduz do particular para o particular[60], tem um movimento ou uma função análoga à indução lógica, e o etimema, designando um silogismo de uma só premissa, dando-se por subentendida a segunda, tem um movimento ou uma função corresponde ao silogismo dialético. No entanto, não obstante o parentesco com a dialética, o campo de movimento da retórica é definido e determinado a partir de um objeto que lhe dá autonomia, não como *epistéme*, mas como *techné*.

---

já diz se há ou não há contrato, tem-se uma prova do tipo (2). Onde o argumento e o discurso se fazem úteis e necessários, como ocorre com a comprovação da boa fé na contratação documentada, por exemplo, deve-se se exercer uma certa atividade que pode fornecer regras de melhor aproveitamento da técnica retórica. Aqui se está diante de uma prova do tipo (1). São estas, as dependentes de discurso, que podem ser tripartidas da seguinte forma: provas dependentes do discurso que residem na capacidade de persuasão do falante (1.1.); provas dependentes de discurso baseadas na predisposição do ouvinte (1.2.); provas dependentes de discurso lastreadas no próprio discurso (1.3.)." (BITTAR. 2003. P. 1298/1299). Ver também ARISTÓTELES. RETÓRICA. 1356 a. Trata-se respectivamente do falante, do ouvinte e do discurso, individualizados por Aristóteles e modernamente, pela teoria da comunicação, destacados como os três tópicos essenciais para a realização e efetivação da comunicação.

[60] Ver ARISTÓTELES. RETÓRICA. 1357 a, 25/30.

O professor EDUARDO C. B. BITTAR esclarece ainda que

> "Aristóteles, literalmente, neste primeiro período reabilita a retórica nos quadrantes do conhecimento à condição que lhe é devida, reconduzindo a atenção do rhétor não para o estudo das paixões humanas, mas para o estudo do entimema (enthymema)". (BITTAR. 2003. P. 1293)

E o professor GIOVANNI REALE, acrescenta que:

> "em sua demonstração, a retórica não apresenta as várias passagens, através das quais o ouvinte comum se perderia, mas extrai a conclusão rapidamente das premissas, deixando subjacente a mediação lógica" (...) "esse tipo de raciocínio retórico se chama etimema" (...) "o etimema é um silogismo que parte de premissas prováveis (de convicções comuns e não de princípios primeiros), sendo conciso e não desenvolvido nas várias passagens" (...) "a retórica se vale também do 'exemplo', que não implica mediação lógica de qualquer gênero, mas torna imediata e intuitivamente evidente aquilo que se quer provar" (REALE. 1990. P. 219)

O entimema consiste, então, em uma forma específica de silogismo, ou seja, um silogismo retórico, no qual as premissas, por serem tomadas como evidentes, são ocultas, como no exemplo dado por Aristóteles, isto é: Dorieus venceu os jogos olímpicos, Dorieus ganhou uma coroa de louros. A premissa subentendida e por isto tida por evidente é a premissa maior *"quem ganha os jogos recebe uma coroa de louros"* (ARISTÓTELES. RETÓRICA. 1357 a 15-20).

Ao etimema ou silogismo retórico, como, também, ao silogismo dialético, são aplicados os *Tópoi* como os lugares-comuns (ARISTÓTELES. RETÓRICA. 1358 a, 10/15) e como os lugares próprios à matéria em questão (ARISTÓTELES. RETÓRICA. 1358 a, 15/20). Ao *tópos* é, então, subsumida uma grande quantidade de argumentos, sejam estes retóricos ou dialéticos.[61]

Do ponto de vista formal a retórica é antístrofa ou análoga à dialética, mas não do ponto de vista material, pois, no que diz respeito ao conteúdo, a retórica é antístrofa ou análoga não à dialética, mas, sim, à ética e à política (embora a dialética corresponda a estas duas disciplinas em um de seus usos, como vimos[62]).

A retórica aristotélica, dado mesmo ao peripatetísmo, não possui elemento algum que a faça parte integrante da lógica (primeiros e segundos analíticos), mas, se direciona para a busca do conhecimento das estruturas gerais da persuasão exercida pelo homem em variados momentos da vida cotidiana,

---

[61] Ver também ARISTÓTELES. RETÓRICA. 1403 a, 15/20.

[62] Ver P. 69 e ARISTÓTELES. TÓPICOS. 1973. 101 A, 25 – 101 B.

aproximando a retórica da ética e da política, ou seja, a retórica, como movimento, está e é vinculada efetivamente à ação no espaço social. Aristóteles escreve que: "A retórica é como um ramo da dialética e da ciência dos costumes, que se denomina, justamente, política" (ARISTÓTELES. RETÓRICA. 1356 a, 25/30).

Segundo Aristóteles, os diferentes âmbitos éticos e políticos que a retórica está vinculada, são as chamadas espécies da retórica e são em número de três, ou seja: o deliberativo, o judiciário e o epidíctico. E só a partir do discurso e de seus elementos conjugados, o de quem fala, o para quem se fala e o que se fala, é que irá perfeccionar a compreensão do próprio discurso: *"como ele se desenvolve, como se produz, e de que maneira se pode manipula-lo de acordo com a sua finalidade"* (BITTAR. 2003. P. 1305/1306).

O discurso retórico deliberativo é o discurso pelo qual se fornece valores, opiniões ou argumentos para a decisão, dado que, se a perspectiva deliberativa versa sobre a escolha e a adaptação de meios e fins, versa sobre coisas relativas ao futuro. É por deliberação no discurso retórico *"que se dissuade, nos assuntos de interesse público"*, ou seja, *"entre pares se exerce o poder dissuasório para a predestinação da coisa pública"* (BITTAR. 2003. P. 1307).

O discurso retórico judicial ou judiciário é o discurso pelo qual se concebe e *"se exerce a acusação e a defesa"*, tomando como objeto fatos que ocorreram no passado. Para tanto é um discurso que se dirige ao julgador, e desta dialética, agora considerando o grau de credibilidade que se constrói da retórica para a dialética, é que emerge uma decisão (BITTAR. 2003. P. 1307).

O discurso retórico epidíctico é um discurso pelo qual se concebe o elogio e a censura (ou o belo como o vergonhoso), a celebração ou lastimação, pois, é dirigido a simples ouvinte ou espectadores. *"A peculiaridade é que não só o presente se sobreleva como tempus do discurso, mas também o passado atualizado e o futuro conjeturado"* (BITTAR. 2003. P. 1307).

2.3.4 O discurso Poético.

Se, para Platão, a arte é mimese, isto é, cópia de cópia, aparência de aparência, extenuando ou exaurindo o verdadeiro até o seu desaparecimento; para Aristóteles, em oposição e na perspectiva do raciocínio erístico, a arte ou o discurso poético designa o possível e o verossímil, por versar sobre a imaginação e o presumível, o que impõe compreender, antes e a partir de Aristóteles, o poético como designado a partir do conceito de *mimese* e *catarse*.

O professor GIOVANNI REALE, inteligindo Aristóteles, acrescenta que mimese é:

> "uma atividade que, longe de reproduzir passivamente a aparência das coisas, como que recria as coisas segundo uma nova dimensão, como ele diz de modo exemplar nesta passagem: 'A função do poeta não é a de dizer as coisas acontecidas, mas sim as que poderiam acontecer e suas possibilidades, de acordo com a verossimilhança e a necessidade'". (REALE. 1990. P. 220)

Assim, essa nova dimensão, segundo a qual as coisas são recriadas, é a dimensão do devir, do possível e do verossímil, ou seja, uma dimensão segundo a qual a arte ou poética consiste na imitação ou mimese do real e cuja finalidade ou catarse funda-se na purificação das paixões[63]. A catarse das paixões não é propriamente uma purificação de caráter moral, mas, sim, no sentido de libertação das paixões[64], agradável libertação ou prazer estético.

O professor GIOVANNI REALE afirma que

> "é precisamente essa dimensão que 'universaliza' os conteúdos da arte,

---

[63] Por purificação das paixões Aristóteles *"o diz fazendo referência explícita à tragédia, 'que, por meio da piedade e do terror, acaba por efetuar a purificação de tais paixões"* (REALE. 1990. P. 220).

[64] Se Platão condena a arte "pelo motivo de que ela desencadeia sentimentos e emoções, reduzindo o elemento racional que os domina" (REALE. 1990. P. 221), podemos afirmar que a catarse das paixões é o contra-ponto aristotélico.

elevando-os a nível 'universal' (evidentemente, não 'universais' lógicos, mas simbólicos e fantásticos, como se diria mais tarde)". (REALE. 1990. P. 220)

Neste sentido, inteligindo Aristóteles, se pode afirmar que a arte poética é criadora. Assim, a arte ou *techné* é um termo empregado, por Aristóteles, para designar uma ciência produtiva e prática, ou seja, a poética ou arte (techné) é causa de um movimento produtivo e prático que tem fundamento intelectual, e que, portanto, enseja um silogismo prático.

O professor EDUARDO C. B. BITTAR ensina que:

> "Faculdade intelectual entre faculdades intelectuais[65], a techné, não obstante, com as demais não se confunde, e entende-se como forma de conhecimento, isto porque pressupõe conhecimento de causa e disposição de ânimo, aliada à uma atividade poética para a sua operação concreta". (BITTAR. 2003. P. 1377)

Se o que é por *poética*, arte ou *techné* é produto e, portanto, não será enquanto não produzido. Disso decorre que, o que é por *poética*, arte ou *techné* não é por necessidade e nem o que não possa ser de outra maneira. A

---

[65] A *techné*, a *phrónesis*, a *epistéme*, a *sophía* e o *noûs* se inserem na mesma categoria das faculdades intelectuais.

poética, arte ou *techné* não é imanente nem apriori em relação à *gnósis*, ou seja, uma não está compreendida na essência da outra, como uma não é uma hipótese ou um raciocpinio apriori da outra; o produto se constitui no movimento da poética, arte ou techné, e, simultaneamente, enquanto se produz, produz a *gnosis* do seu produto ou objeto. Assim, podemos observar o que distingue techné de epistéme e o que distingue o que é por techné do que é por práxis.

O professor EDUARDO C. B. BITTAR escreve, ainda, que:

> "O que 'é' por techné 'é' produto. Também, tudo o que é produto, o é em virtude da techné. Ainda, aquilo que é produto o é em virtude da ação, mas a prática não equivale à produção. Daí, que techné pode ser tomada por sinônimo de poiésis, mas como algo distinto de práxis. A techné, como anteriormente dito, é concepção e obra, importando, assim, em uma bifacialidade interativa entre o que se concebe e o que se produz. O produzido pressupõe engenho, atividade racional, assim como a techné ainda não é se nada se produz, pelo que a relação intestina entre os conceitos os compromete reciprocamente." (BITTAR. 2003. P. 1379)

2.3.5 A metáfora da linha.

Voltando ao início, na fase do platonismo, em que os conceitos dogmáticos e as opiniões irredutíveis deixam de ser o norte para aqueles que se propunham à busca da verdade, fundado na maiêutica[66] como tradição socrática, em que princípios e teorias eram partilhados e o argumento de autoridade era descartado, a independência e o amadurecimento intelectual de Aristóteles era determinado, também, pela denominada *metáfora da linha*, ou seja, um diagrama que, exposto por Platão na República[67], designa a gnoseologia platônica.

A metáfora da linha consiste em:

> "uma linha cortada em duas partes desiguais; cortada novamente cada um dos segmentos segundo a mesma proporção, o da espécie visível e o da inteligível; e obterás, no mundo visível, segundo a sua claridade ou obscuridade relativa, uma secção, a das imagens. Chamo imagens, em primeiro lugar, às sombras; seguidamente, aos reflexos nas águas, e àqueles que se formam em todos os corpos compactos, lisos e brilhantes, e

---

[66] O método socrático, de caráter ético e educativo, baseava-se na dialética. A dialética socrática se desenvolvia pela *"refutação"* e pela *"maiêutica"*. A primeira parte do método era a destrutiva, com a qual Sócrates procurava levar seu interlocutor a uma situação de *aporia*, forçando-o, ao menos intimamente, a reconhecer sua própria ignorância em relação ao assunto examinado. Já a segunda parte do método era a construtiva, pela qual Sócrates procurava, através da maiêutica ou dialética bem conduzida, levar seu interlocutor a uma aproximação da verdade sobre o problema posto, qualquer que seja ele. Ver nota nº 4 e 7 na p. 03.

[67] A República, 509 a, d até 511 e.

a tudo o mais que for do mesmo gênero" (...) "a outra secção, da qual esta era imagem, a que nos abrange a nós, seres vivos, e a todas as plantas e toda a espécie de artefactos" (...) "o visível se divide no que é verdadeiro e no que não o é, e que, tal como a opinião está para o saber, assim está a imagem para o modelo" (...) "examina agora de que maneira se deve cortar a secção do inteligível" (...) "a alma, servindo-se, como se fossem imagens, dos objetos que então eram imitados, é forçada a investigar a partir de hipóteses, sem poder caminhar para o princípio, mas para a conclusão; ao passo que, na outra parte, a que conduz ao princípio absoluto, parte da hipótese, e, dispensando as imagens que havia no outro, faz caminho só com o auxílio das idéias" (...) "aqueles que se ocupam da geometria, da aritmética e ciências desse gênero, admitem o par e o ímpar, as figuras, três espécies de ângulos, e outras doutrinas irmãs destas, segundo o campo de cada um. Estas coisas dão-nas por sabidas, e, quando as usam como hipóteses, não acham que ainda seja necessário prestar constas disto a si mesmos nem aos outros, uma vez que são evidentes para todos. E, partindo daí e analisando todas as fases, e tirando as consequências, atingem o ponto a cuja investigação se tinham abalançado" (ARISTÓTELES. REPÚBLICA. 509 d até 510 d)

Para a compreensão sintética dos aspectos, até então apresentados, da filosofia aristotélica é preciso compreender a base fundamental que representa a *metáfora da linha* no pensamento aristotélico. Assim, Aristóteles tomando como ponto de partida ou princípio primeiro a unidade do diverso[68], cujo fundamento, para ele, se encontra na contemplação dos organismos vivos, e, por conseguinte, afirmando que não é o conhecimento que segue os modelos da linguagem, mas, sim, esta que se apresenta segundo àquele, procura resolver

> "todos os problemas que depara: desde os problemas do método (como as famosas resoluções dialéticas segundo as diferentes acepções de uma mesma palavra) até os da física (segundo os diferentes pontos de vista por que se pode enfocar, por exemplo, a alma), e até as questões supremas da metafísica" (CARVALHO. 1996. P. 129)

Como já visto, se só são suscetíveis de conhecimento *científico* os objetos necessários, invariáveis e que, portanto, não podem ser de outra maneira, estando os acidentes e as individualidades sujeitos a variações, ao contrário, fora do conhecimento científico e de qualquer possibilidade de demonstração apodíctica, nos deparamos com a afirmação de irredutibilidade do individual ao geral.

---

[68] Ou a unidade ou unicidade da alma, como visto inicialmente neste primeiro capítulo.

Assim, a unidade do diverso como pressuposto para a irredutibilidade do individual ao geral só é inteligida a partir da metáfora da linha como base fundamental para a unidade do certo (apodíctico), do provável (dialético), do verossímil (retórico) e do possível (poético) como discurso, guardadas as diferenças enquanto modalidades deste mesmo discurso. Dada a abstração da *metáfora da linha* e de um quadro esquemático à ela relacionado e articulado por Sócrates em "A República", o professor OLAVO DA CARVALHO expõe que:

> "Na extrema esquerda e de baixo para cima a primeira coluna diz doxa (opinião) e epistéme (ciência), isto é, a modalidade inferior e a superior de conhecimento. Na extrema direita, os objetos respectivos dessas modalidades de conhecimento: doxasta e noeta. Nas colunas do meio, à esquerda aparecem as faculdades cognitivas, duas da opinião (eikasia ou faculdade imaginativa; pistis, ou faculdade de crer), duas da ciência (dianoia ou pensamento; noesis ou, digamos assim para abreviar, intuição intelectual), formando uma escala ascendente. À direita, os objetos de conhecimento correspondentes a essas faculdades: eikones ou imagens; zoa ou entidades vivas e moventes; mathematika ou entidades matemáticas; e, por fim, arkhai, princípios ou modelos supremos" (CARVALHO. 1996. P. 130/131)

A não simetria exata entre os objetos que Platão designa às quatro faculdades e os objetos que Aristóteles designa aos quatro discursos, não desqualifica a *metáfora da linha* como a base fundamental para a filosofia aristotélica, embora tenha Aristóteles, na superação do platonismo e a partir das críticas aos sofistas, restaurado do valor da opinião e a sua desvinculação do arquétipo da mera arbitrariedade. A assimetria acima indicada é, então, entendida como: dada uma exata correspondência no quadro esquemático[69] da *metáfora da linha*, ou seja, *"se as imagens são o objeto do discurso poético, os entes vivos não são objetos do discurso retórico"*, pois, na concepção aristotélica, o são do dialético como *"método próprio da física"*; *"os entes matemáticos, por sua vez, são para Aristóteles objetos de demonstração apodíctica"* e não do discurso dialético; e, por fim, na sequência de uma análise ascendente no referido quadro esquemático da metáfora da linha, os princípios supremos ou primeiros *"não são, no sistema aristotélico, objetos de discurso nenhum"*, pois, o são de um *"conhecimento intuitivo auto-evidente"*, como, por exemplo, a unidade dos diversos,

---

[69] *"Pega agora nas quatro operações da alma e aplica-as aos quatro segmentos: no mais elevado, a inteligência, no segundo, o entendimento; ao terceiro entrega a fé, e ao último a suposição, e coloca-os por ordem, atribuindo-lhes o mesmo grau de clareza que os seus respectivos objetos têm de verdade"* ((ARISTÓTELES. REPÚBLICA. 509 e)

ao qual se chega, é claro, pelo discurso dialético. (CARVALHO. 1996. P. 132)

Daí, podermos, então, afirmar que entre uma lei geral e um fato particular não pode haver uma relação somente dedutiva, dadas as peculiaridades próprias de cada fato em particular. A dedução só se justificaria se ambos, uma lei geral e um fato particular, forem essencialmente iguais, ou se o fato particular for uma parte da lei geral. No entanto, entre o fato e a lei não há uma relação de pertinência, dada as particularidades que escapam ao âmbito de abrangência da lei que só aponta as características gerais do fato.

Se entre uma lei geral e um fato particular não pode haver uma relação somente dedutiva, dada as peculiaridades próprias de cada fato em particular, é porque entre ambas há uma proporção de cunho analógico ou antístrofo, pois, se assim não fosse, a existência dos operadores do direito e sua participação no discurso seria desnecessária e sem sentido.

E estas são, a princípio, as investigações necessárias à determinação de um contraponto para a investigação que se propõe.

3 TÓPICA E JURISPRUDÊNCIA EM THEODOR VIEHWEG.

3.1 O Positivismo, o pós-positivismo (ou transpositivismo), positivismo jurídico e a positivação do Direito.

O positivismo é demarcado por um processo designado como descentramento radical, gênese da modernidade, em oposição à ideia de centramento, de centralização ou de centro unificador de toda ação humana, como um arquétipo ou característica da Antiguidade e da Idade Média.

O professor MARCELO CAMPOS GALUPPO ensina que:

> "A idéia de centro implicava, necessariamente, a idéia de uniformidade, de identidade. A referência única oferecida pela polis ou pela Igreja para a ação de todos permitia uma lógica de organização social que foi chamada, por Weber (1992) e por Tönnies (1947), de comunidade: ao contrário da sociedade, essa essencialmente moderna, a comunidade pressupõe um único projeto coletivo que aglutina e dá sentido a existência humana. Exatamente por isso, na Antigüidade e na Idade Média a totalidade goza de uma primazia ontológica sobre as partes, ou dito de outra forma, não havia lugar nas comunidades antigo-medievais para o indivíduo." (...) "não havia nessas comunidades ou outro, e portanto, também não o sujeito, seja no 'bom sentido' que a palavra sujeito possa assumir, ou seja, como autonomia e liberdade, seja no 'mal sentido', como individualismo ou egocentrismo." (...)

O referido processo de descentramento radical[70] é concebido a partir da determinação do sujeito ou do indivíduo, designando a Modernidade e, consequentemente, a sociedade. Trata-se da inversão da primazia ontológica da totalidade sobre as partes, ou seja, a determinação do sujeito na concepção do descentramento radical designando *"a preexistência ontológica (ou pelo menos lógica) da parte sobre o todo"* (GALUPPO. [199-]).

Assim, quando opomos sociedade e comunidade, dada a indicação acima e uma possível congruência com a filosofia aristotélica, estamos opondo o variável ao invariável, ou o contingente ao necessário, ou o plural ao unitário, pois, a concepção de indivíduo designa o que é variável, contingente e, portanto, plural. Mas, com esta afirmação, que determina o processo de descentramento e, por conseguinte, a origem da modernidade, o homem se descobre como:

---

[70] O processo de descentramento radical, segundo HANNAH ARENDT, é identificado, no contexto histórico, como decorrente da Revolução Científica, das Grandes Navegações e da Reforma Protestante. (ARENDT. 2002. P. 260/269)

"subjugado (subjectum), como submetido, como submisso, seja à Igreja, seja ao monarca, seja aos costumes, seja às superstições e aos preconceitos. As relações sociais, antes tidas como naturais, agora são vistas como conformadas pela violência." (...) "A questão moderna passa a ser, neste ponto, como realizar a emancipação. Dominação, sobre a sociedade e a natureza, é a idéia moderna a serviço da emancipação." (...) "Na verdade, o Positivismo é um projeto inerente à própria modernidade: conhecer para dominar, e dominar para libertar. Ordem e Progresso[71]." (GALUPPO. [199-])

Assim, se o Positivismo é um projeto próprio e característico da modernidade, dado

---

[71] Nesta perspectiva de ordem e progresso, podemos observar que o termo Positivismo *"foi empregado pela primeira vez por Saint-Simon, para designar o método exato das ciências e sua extensão para a filosofia (De la religion Saint-Simonienne, 1830, p.3). Foi adotado por Augusto Comte"* (...) *"A característica do P. é a romantização da ciência"* (...) *" Como romantismo em ciência, o P. acompanha e estimula o nascimento e a afirmação da organização técno-industrial da sociedade moderna e expressa a exaltação otimista que acompanhou a origem do industrialismo. É possível distinguir duas formas históricas fundamentais do P.: o P. social de Saint-Simon, Comte e John Stuart Mill, nascido da exigência de construir a ciência como fundamento de uma nova ordenação social e religiosa unitária; e o P. evolucionista de Spencer, que estende a todo o universo o conceito de progresso e procura impô-lo a todos os ramos da ciência"* (ABBAGNANO. 2003. P. 776/777)

o processo de descentramento, é, também, enquanto emancipação do indivíduo, variável, contingente e, portanto, plural. E, se o positivismo, enquanto emancipação, é decorrente da positivação ou fenômeno da positivação que, por sua vez, designa não só a criação ou a invenção humana, é, também e por conseguinte, poético, se considerarmos uma congruência com o pensamento aristotélico, mas, também, a manifestação volitiva como caracterizadora da decisão.

Neste ponto, se faz necessário ressaltar um positivismo, decorrente da poética e da decisão, distinto de um positivismo romântico decorrente da ordem, do progresso e a da negação do que é variável, contingente e plural. Este último, portanto, é a base fundamental para o positivismo jurídico.

Neste sentido, THEODOR VIEHWEG ressalta a distinção entre o positivismo filosófico e o positivismo jurídico, cujas bases, entretanto, são primordialmente epistemológicas, ou seja:

> "qué significa – con respecto al positivismo filosófico – el positivismo jurídico? Se vincula, pues, con aquella posicíon positivista que tan ejemplarmente fue representada por Comte y que se manifestó en un entusiasmo rapidamente difundido por el llamado positivismo especializado." (...)
> "Es ciertamente correcto que el positivismo filosófico – cuyos matices en su país originário, Francia, se extienden desde el positivismo cientificista-

empirista hasta el positivismo metafísico-espiritualista – no puede ser sin más equiparado al positivismo jurídico que, a su vez, se presenta también con matices diferentes. Pero, puede constatarse que la actitud cientificista-positivista – que se encuentra en la base y con la que, por así decirlo, se comenzó – es la misma. Tiene un carácter primordialmente epistemológico. Al postular el espíritu positivo de la ciencia, se exige también que ésta esté libre de toda metafísica. Y aquí es designado como metafísico todo aquello que no puede satisfacer un concepto de experiencia estrecho y estabelecido a tal efecto." (VIEHWEG. 1991. P. 54)

O professor TÉRCIO SAMPAIO FERRAZ JR., acrescenta que:

"Há um sentido filosófico e um sentido sociológico de positivação. No primeiro, positivação designa ato de positivar, isto é, de estabelecer um direito por força de um ato de vontade" (...) "direito positivo é não só aquele que é posto por decisão, mas, além disso, aquele cujas premissas da decisão que o põe também são postas por decisão" (...) "O direito, com a Revolução Francesa, torna-se uma criação ab ovo. Com isso, ele instrumentaliza-se, marcando-se mais uma vez a passagem de uma prudência prática para uma técnica poética. Ou seja, para usar uma distinção aristotélica (Ética a Nicômaco, 1094 a 21), o direito passa a ser concebido como poiésis, uma atividade que se exterioriza nas coisas externas ao agente (por exemplo, com

madeira fabricar uma mesa)e que por isso
exige técnica, isto é, uma espécie de
know-how, um saber-fazer, para que um
resultado seja obtido." (...) "ela não visa
senão ao bem agir (ético) do próprio
agente, sua eupraxia. Está aí o núcleo do
fenômeno da positivação do direito em
seu sentido social" (FERRAZ JR. 2003.
P. 74/75)

Podemos entender, então, que o
fenômeno da positivação ou, mais
especificamente, a positivação do direito é o
que concebe o ordenamento jurídico como
uma invenção ou criação e, ainda, decisão
humana, e, assim concebido,

> "pode ser mudado de forma a propiciar
> aquela emancipação de que falava antes."
> (...) "Primeiro, porque pressupõe que o
> direito, a política e a história são obras
> essencialmente humanas, e não relações
> naturais eternas e imutáveis. Segundo,
> porque isto leva à concepção de que a
> mudança, o movimento e mesmo as
> revoluções, constituem a própria essência
> da realidade social, concepção esta
> oposto à antigo-medieval de um universo
> social estático e finito" (GALUPPO.
> [199-])

O fenômeno da positivação do direito,
da política ou da história, nada mais é do que
o fenômeno da positivação do sujeito ou a
emancipação deste, dado que o direito, a
política e a história são obras essencialmente
humanas, isto é, a positivação do sujeito é

determinante do direito, da política e da história. Já o positivismo jurídico, pelo contrário e *"apesar de contido em germe na gênese da própria modernidade"*, se constitui *"numa epistemologia e numa ideologia de leitura do direito positivo, essencialmente metafísica"* (GALUPPO. [199-]), afirmando a auto-existência da lei como um objeto que não é criado pelo homem, ou seja, a lei não só é ontológica como, também, autopoiética[72], razão pela qual o conhecimento jurídico se vale do Positivismo para se converter em ciência. Nesta perspectiva, o conhecimento jurídico nega o variável, o contingente e o plural como arquétipos do positivismo, se sustentando, tão somente, em um discurso retórico sofista, dada a arbitrariedade e imposição das premissas, ou seja, a lei como ontológica e autopoiética.

Segundo o professor MARCELO CAMPOS GALUPPO, são quatro as características do Positivismo Jurídico:

> "Em primeiro lugar, a ficção, pelo menos no ato do conhecimento, de que o objeto

---

[72] A teoria da autopoiésis ou autocriação, de MATURANA e VARELA, conceitua como autopoiético o sistema que pode criar sua própria estrutura e os elementos dos quais se compõe, sendo seu modelo básico os sistemas vivos. *"Nossa proposta é que os seres vivos se caracterizam por – literalmente – produzirem de modo contínuo a si próprios, o que indicamos quando chamamos a organização que os define de **organização autopoiética"*** (MATURANA e VARELA. 2002. P. 52)

do conhecimento jurídico, a saber, a lei, é um objeto auto-existente, não criado pelo homem, que por isto mesmo pode ser conhecido, controlado e dominado pelo cientista, da mesma forma que o faz o físico ou o biólogo em relação à natureza." (...) "Isto implica a segunda característica: neutralidade. Assim como não compete ao biólogo discordar da cor ou do cheiro da rosa, mas apenas descrevê-lo, seja justo ou injusto[73]" (...)

---

[73] Nesta perspectiva, é essencial a separação do direito e da moral para o paradigmático Positivismo Jurídico. O que não quer dizer que o direito possa ser concebido em uma perspectiva ética, pois, ainda assim, subsiste a negação do variável, contingente e plural como arquétipo do Positivismo Jurídico. O conhecimento jurídico se vale do Positivismo para se converter em ciência ou raciocínio analítico, constituindo um *"conhecimento objetivo acerca do ordenamento jurídico que permitisse à Ciência do Direito dominar o direito e sobretudo seu conhecimento, assim como as ciências naturais dominam a natureza. Nenhuma corrente levou tão a sério o projeto de controle sobre o conhecimento jurídico (a Ciência do Direito) como o normativismo kelseniano. Como disse Kelsen, se devemos concordar que as normas jurídicas não podem ser aferidas, em si mesmas, pelo critério verdade/falsidade, é necessário no entanto controlar, através desses critérios, as proposições e enunciados que as descrevem."* (...) *"emitir juízos de avaliação dos enunciados que descrevem o direito positivo estatal, controlando-o indiretamente ou, mais propriamente, dominando-o."* (...) *"com vistas a esta dominação (que é possível na medida em que a matéria jurídica é concebida da mesma forma que a matéria natural, no sentido de ser passível de sujeição ao sujeito cognoscente), o Positivismo Jurídico adotará um tipo de raciocínio tipicamente sistemático."* (GALUPPO.

> "A terceira e quarta características da epistemologia do Positivismo Jurídico são, portanto, a adoção do critério de verdade para a aferição do conhecimento e a adoção do pensamento sistêmico, que pretende encontrar na Ciência do Direito um processo de redução da complexidade do ordenamento jurídico positivado, recorrendo-se à construção de um sistema baseado em classificações, divisões, etc." (GALUPPO. [199-])

Assim, o Positivismo Jurídico, dada a lei como ontológica e autopoiética e, dado ainda, um raciocínio tipicamente sistemático e axiomático, constitui o direito como uma totalidade que se manifesta em um sistema de conceitos e proposições jurídicas em íntima conexão; a autolimitação do pensamento jurídico ao estudo da lei, como um modo típico de pensar o direito, se transformou na Ciência Dogmática do Direito. Trata-se *"da idéia do sistema como um método, como um instrumento metódico do pensamento dogmático no direito."* (TÉRCIO. 2003. P. 79/80).

A ciência dogmática, a partir do final do século XVIII e início do século XIX, diferenciando-se de outros sistemas, como, por exemplo, do político, do religioso e do social, ainda *"enfatiza o caráter lógico*

[199-]). E também axiomático, como veremos nas críticas de Theodor Viehweg a partir dos paradoxos insuperáveis criados pelo paradigmático Positivismo Jurídico ao longo do século XX.

dedutivo do sistema jurídico, enquanto desdobramento de conceitos e normas abstratas da generalidade para a singularidade, em termos de uma totalidade fechada e acabada." (TÉRCIO. 2003. P. 79/80) O Positivismo Jurídico ou ciência dogmática designa, portanto, um sistema binário que informa e enfatiza um processo de subsunção ou lógico-dedutivo.

Aqui podemos observar que o Positivismo Jurídico, por sua metodologia ou rigorismo jurídico, realiza um reducionismo do próprio fenômeno Positivista, pois, se o Positivismo é um projeto próprio e característico da modernidade, dado o processo de descentramento, é, também, enquanto emancipação do indivíduo, variável, contingente e, portanto, plural. E, se o positivismo, enquanto emancipação, é decorrente da positivação ou fenômeno da positivação que, por sua vez, designa o poético e a decisão, é a metodologia ou rigorismo do Positivismo Jurídico o mencionado reducionismo do fenômeno Positivista.

O mencionado reducionismo do fenômeno Positivista, que se verifica a partir dos paradoxos insuperáveis criados pelo paradigmático Positivismo Jurídico ao longo do século XX, só encontra precedentes, além do já mencionado normativismo kelseniano, no rigorismo moral kantiano

> "que desconhece completamente a ética da responsabilidade inerente não ao conhecimento (descritivo) da realidade (natural), mas à ação política e jurídica, que articularia, em uma sociedade plural, o direito com a moral e com a ética, evidenciando seu compromisso com a ação prática." (GALUPPO. [199-])

E é a partir dos insuperáveis paradoxos criados pelo paradigmático Positivismo Jurídico, ao longo do século XX, que se questiona: em que medida a epistemologia que informa o Positivismo romântico é adequada ao conhecimento jurídico no início do século XXI?

O professor MARCELO CAMPOS GALUPPO trata a questão afirmando que:

> "O grande problema consiste em que, em nosso século, o projeto moderno entra em crise. Percebe-se, já na passagem do século XIX ao século XX, que a dominação que pretendia emancipar o homem produziu o seu contrário. Os mestres da suspeita, Marx, Nietzche e Freud, denunciam que o homem, tal como existente, que, cada vez mais, é um homem submetido, subjugado, submisso, difere-se radicalmente do homem emancipado do projeto moderno. A dominação se converte, novamente, em submissão. Os três autores denunciam o projeto moderno por fidelidade ao mesmo, ou seja, por crerem que, apesar dos resultados a que conduziu a Modernidade, é possível que o homem ainda se torne emancipado. Neste sentido,

os três são radicalmente modernos." (...) "os três já trazem em si, paradoxalmente, a semente do pensamento pós-moderno. Porque a forma que encontram para se emancipar o homem é libertá-lo de si mesmo, superá-lo. Mas o homem é, essencialmente, o homem moderno, e então superar o homem é superar a modernidade." (...) "o projeto da modernidade é um projeto interrompido e mesmo corrompido." (GALUPPO. [199-])

Na perspectiva até então apresentada, podemos afirmar que o projeto da modernidade, se é um projeto interrompido e corrompido, é um projeto abandonado na escolha de um Positivismo romântico, que, por conseguinte, foi a base para o Positivismo Jurídico, em detrimento de um Positivismo decorrente da poética e da decisão, responsável pela determinação do indivíduo e pelo direito à diferença.

O professor MARCELO CAMPOS GALUPPO esclarece ainda que:

"ao contrário do que afirmam os chamados pós-modernos, não creio ser necessário abandonar o projeto moderno ou interrompê-lo, mas apenas retificar seu itinerário." (...) "Na medida em que a sociedade se organiza e encontra formas de suplantar a dominação sistemicamente realizada, seja pela economia, seja pela política, seja inclusive por um direito colonizado pela política e pela economia, podemos perceber que há um futuro (moderno) à nossa frente, sem que tenhamos que renunciar à razão moderna." (GALUPPO. [199-])

Assim, dados os insuperáveis paradoxos criados pelo paradigmático Positivismo Jurídico, a retomada desse projeto moderno açambarca uma epistemologia ainda nova, ou seja, o Positivismo decorrente da poética e da decisão que progressivamente volta a se articular, renunciando ao Positivismo romântico; a um mundo em que, dado este Positivismo romântico, só o saber científico é tido como legítimo[74] e, dado o Positivismo Jurídico, só o saber científico jurídico (específico e determinado) é tido como legítimo para a justificação e aplicação do Direito.

A retomada do projeto moderno e, por conseguinte, do Positivismo decorrente da poética e da decisão, na falta de melhor designação, vem sendo chamado de Pós-Positivismo ou transpositivismo[75]. Trata-se de

---

[74] Logocentrismo.

[75] *"consideramos juspositivistas en el sentido de que estamos obligados por la Constituición a atenernos, en todas nuestras reflexiones dogmáticas, a la Constituición positiva vigente aquí y ahora, así como también a las leyes positivas y sus equivalentes válidos constitucionalmente. Nos sentimos obligados a no sobrepasar los límites de nuestra legislación positiva. En este sentido, pensamos positivamente y evitamos todo pensamiento transpositivo. Nos parece que esto es también practicable. Consideramos que los pensamientos transpositivos son supérfluos e improcedentes."* (VIEHWEG. 1991. P. 56)

uma ciência falibilista que, ainda um projeto próprio e característico da modernidade, dado o processo de descentramento, é, também, enquanto emancipação do indivíduo, variável, contingente e, portanto, plural. Assim, o Pós-Positivismo, enquanto emancipação, é decorrente da positivação ou fenômeno da positivação que, por sua vez, designa o poético e a decisão.

O professor MARCELO CAMPOS GALUPPO ensina que:

> "Essencialmente moderno, o Pós-Positivismo se caracteriza por entender que o direito é obra humana que pode ser posta a serviço da emancipação. Reconhecendo que o direito é obra humana, o Pós-Positivismo recusa identificar o direito e a justiça com ideias e valores, mas ao contrário os identifica com as normas jurídicas produzidas historicamente por uma sociedade, afastando-se, portanto, de qualquer proposta jusnaturalista." (GALUPPO. [199-])

O Pós-Positivismo, na perspectiva do Positivismo decorrente da poética e da decisão, se apresenta, então, mais especificamente, invertendo a lógica da argumentação, sob o arquétipo da prevalência do raciocínio problemático, que privilegia o pensamento a partir do problema em concreto, em detrimento do raciocínio sistemático ou lógico dedutivo, que privilegia a subsunção do problema à norma.

O professor MARCELO CAMPOS GALUPPO, sobre esta característica do Pós-Positivismo, argumenta que:

> "A tentativa positivista de se reduzir a realidade jurídica a um sistema pressupõe uma harmonia no processo de produção do direito, e sobretudo a existência de um único projeto para a sociedade, administrado por uma única fonte emanadora de regras (jurídicas ou políticas ou ainda econômicas). Sabemos que, ao contrário dessa visão idílica, o ordenamento jurídico positivo é, em si mesmo, prenhe de contradições, que refletem as contradições entre os vários projetos de vida de uma sociedade plural." (GALUPPO. [199-])

Neste sentido THEODOR VIEHWEG acrescenta que:

> "en última instancia, el texto constitucional es sólo um texto o hasta un texto parcial que, por cualquier motivo, remite a contextos más amplios, es decir, transpositivos, los cuales, por lo pronto, se representan sin interpretación y son interpretables de muy diferente manera. Se repite pues – simplemente a un nível superior – lo que diariamente sucede a nível legislativo; desde luego, allí con respaldo constitucional y aquí sin respaldo alguno. Esta situación es tenida en cuenta por las dos teorías más importantes de la filosofía jurídica y social cuando – coincidiendo en neste punto - sostienen que la actitud juspositivista que se acaba de describir no

há sido pensada hasta sus últimas consecuencias y, por lo tanto, es un engaño. Cuando hablo de las teorías más importantes, me refiro, naturalmente, al tomismo-aristotélico y al marxismo-leninismo[76]. Ambas son estrictamente antipositivista, también en el sentido que aquí interesa. Ambas sostienen que el deseado aislamiento juspositivista es inconcebible in thesi y por ello – como es fácil de demostrar – no há sido tampoco nunca realizado in praxi. Pues sería imposible, por así decirlo, adherir a un pensamiento secundário y poner entre parêntesis al primario. En verdad, no sería posible detenerse en el eligido estádio de la meditación sino que, más bien, necesariamente se realizan por dequier reflexiones transpositivas." (VIEHWEG. 1991. P. 57)

Outra característica do Pós-Positivismo é a adoção do critério de correção normativa em detrimento do critério de verdade, pois, se o direito não integra o mundo objetivo, mas, sim, o mundo intersubjetivo, invariável, contingente e plural, o acesso à realidade será, então, mediado pela linguagem ou proposições linguísticas, sendo que o termo verdade só poderá predicar as proposições e não a própria realidade. No entanto, distinta da verificação da verdade que

---

[76] Tais doutrinas afirmam, por razões lógicas, que o positivismo jurídico-prático, por Theodor Viehweg descrito, não pode satisfazer a função social de uma dogmática jurídica.

"quando não pode ser predicada a um enunciado significa não haver aceitabilidade acerca da não correspondência entre o enunciado descritivo e os fatos, o que implica a necessidade de se alterar a (ou produzir nova) proposição, a correção normativa de um enunciado que prescreve normas de ação não pode ser verificada a não ser comparando-o a outro enunciado normativo, que, como aquele, não descreve mas prescreve uma realidade. Isto implica que, se é verdade que os fatos podem nos convencer que nossas proposições são falsas, eles não podem, no mesmo sentido, nos provar que nossas proposições são incorretas. Resumindo, a epistemologia pós-positivista substitui a busca pela verdade no conhecimento jurídico pela busca pela correção normativa na aplicação de normas jurídicas a um determinado contexto" (GALUPPO. [199-])

O Pós-Positivismo na busca de um conhecimento de *"ordem hermenêutica"* estabelece a *"distinção entre o plano de justificação e o plano de aplicação das normas jurídicas positivas"*, busca identificar, então, o plano ou o lugar da verdade e da correção normativa. Então, se *"é verdade que toda norma legal é genérica no plano da sua criação, não deve no entanto ser aplicada indistintamente em qualquer circunstância."* (GALUPPO. [199-]). Assim, o plano da justificação ou criação, dada a abstração da norma, comporta a verdade predicando as proposições normativas. No entanto, no plano da aplicação, a correção normativa impõe um juízo de adequabilidade da norma genérica e predicada de verdade ao caso concreto, dada a prevalência do raciocínio problemático sobre o raciocínio sistemático.

E assim, neste sentido, é que THEODOR VIEHWEG se refere ao problema da linguagem e da crítica da linguagem que, na perspectiva do positivismo jurídico ou logocentrismo é uma crítica do conhecimento, ou seja, esta perspectiva do positivismo jurídico

"está obligada, en última instancia, a apartarse de la antiga concepción humanista del lenguaje, que subyace a toda ciencia del espíritu hermenéutico y a pasar a una concepción técnico-cientificista del lenguaje, que subyace a todas las ciencias de orientación matemática. (...) Sin embargo, tal parece ser el programa del positivismo jurídico prático. Es pues, incoherente. Uno tendría que decidirse por la matematización que opera con una prescrición de interpretación inequívocamente estabelecida y, por lo tanto, excluye pensamientos transpositivos." (VIEHWEG. 1991. P. 59)

3.2 Tópica e Jurisprudência em Theodor Viehweg.

3.2.1 A conciliação entre o antigo e o moderno em Vico. A Tópica Aristotélica e a Tópica Ciceroniana.

A obra Tópica e Jurisprudência, de Theodor Viehweg[77], constitui, como bem observa Tércio Sampaio Ferraz Jr., um dos marcos da Filosofia do Direito a partir da segunda metade do século passado, enfatizando aspectos do pensamento jurídico que, desde a era moderna, dada a dicotomia positivação, positivismo e positivismo jurídico, estavam sob a predominância dos

---

[77] Segundo TÉRCIO SAMPAIO FERRAZ JR. *"Viehweg que estudara Direito em Leipzig e frequentara os seminários de filosofia de Nikolai Hartmann em Berlim, antes da Segunda Guerra, e que fora juiz por profissão, encontrava-se desempregado, após o fim do conflito mundial. Para sobreviver, mudou-se para uma localidade perto de Munchem, onde vivia entre campônios. Perto de sua casa havia um claustro, onde o autor, para sua surpresa, descobriu uma fabulosa biblioteca, conservada intacta. Com a licença dos monges, começou ali a sua pesquisa, cujas linhas mestras já formara desde o tempo de estudante. E, com paciência, silencia e dedicação, dedicou-se por anos a um levantamento, do qual, anos depois, redundou este livro, - que ele pôde, então, apresentar à recém reaberta Universidade de Munchem como tese de livre-docência. Uma obra, como se vê, que combinou, com sabedoria, as experiência do juiz que ele fora, o espírito científico dos seus mestres, sobretudo Hartmann e Hmge, e as virtudes monacais que ele assumiu, num momento de sua vida, com enorme senso de oportunidade."* (VIEHWEG. 1979. P. 06/07)

modelos científicos[78] ou dos padrões axiomáticos das ciências naturais, pois,

> "a velha polêmica sobre a cientificidade da ciência jurídica, que remonta ao início do século XIX, se esterilizara na controvérsia em torno da metodologia das ciências humanas ou do espírito, em oposição às exatas e naturais." (VIEHWEG[79]. 1979. p. 01)

Os aspectos do pensamento jurídico correspondente, então, à positivação e ao positivismo decorrente da poética e da decisão, contrários, portanto, ao positivismo jurídico, são retomados por VIEHWEG que, à luz da experiência grega e romana, chama a

---

[78] O professor TÉRCIO SAMPAIO FERRAZ JR., acrescenta que: *Os representantes do ideal positivista de ciência (que, bem ou mal, domina o modo de pensar do cientista da natureza e que atua como padrão mais ou menos acatado pela concepção vulgar de ciência) costumam ver, como tarefa científica básica, a descrição do comportamento dos objetos em determinado campo objetivo, a explicação deste comportamento e a criação de possibilidades de sua previsão. Pois um sistema de enunciados que seja capaz de descrever e explicar rigorosamente este comportamento deve ser capaz de prevê-lo. As ciências constroem, assim, teorias, isto é, sistemas axiomáticos que constituem hipóteses genéricas que se confirmam pelos experimentos empíricos de fenômenos que obedecem às mesmas condições descritas teoricamente."* (VIEHWEG. 1979. P. 02)

[79] Prefácio do Tradutor, o professor Tércio Sampaio Ferraz Jr. à edição brasileira do livro Tópica e Jurisprudência de Theodor Viehweg, 1979.

atenção para um aspecto essencial, embora extirpado, do raciocínio jurídico: seu caráter tópico.

O caráter tópico do raciocínio jurídico para VIEHWEG, a partir da análise da Tópica Aristotélica e da Tópica Ciceroniana, dado o contexto da modernidade, é construído a partir da conciliação, proposta por Gian Battista Vico, entre o método filosófico antigo (retórico ou tópico) e moderno (crítico cartesiano) e atualizado pelos instrumentos contemporâneos da lógica, da teoria da comunicação, da linguística etc. Logo, o caráter tópico do raciocínio jurídico para VIEHWEG, mais do que uma perspectiva Pós-Positivista, é poder conhecer ou buscar a natureza do conhecimento jurídico na concepção restritiva de ciência em oposição à noção de prudência.

Em Tópica e Jurisprudência[80], VIEHWEG inicia com uma alusão ao filósofo italiano GIAN BATTISTA VICO que, no início do século XVIII, escreve uma *dissertatio* na qual pretendia realizar uma conciliação entre o método filosófico antigo prevalecente e o moderno. Para VICO, segundo VIEHWEG, se referindo aos métodos científicos: o método antigo se caracteriza como retórico ou tópico, por partir não de um *primum verum (verdade primária)*, mas do *sensus communis* (senso comum), ou seja,

---

[80] O termo jurisprudência, atendendo o uso alemão da palavra, designa Ciência do Direito.

considera o verossímil contrapondo ângulos diversos e realiza suas conclusões lógicas através de uma rede de silogismos; e o método moderno como o crítico cartesiano[81] que consistia em não tomar como marco inicial ou ponto de partida, para qualquer inferência lógica, nada que não fosse absolutamente certo e evidente (*primum verum*), e que, pela via da lógica ou derivação dedutiva, se demonstre mediante procedimentos similares aos da matemática e da geometria. (VIEHWEG. 1979. p. 20)

O método moderno ou crítico se caracterizava pela vantagem da precisão, desde que partisse realmente de proposições ou premissas verdadeiras e evidentes. Em contra partida, as desvantagens, estavam na *"perda em penetração, estiolamento da fantasia e da memória, pobreza da linguagem, falta de amadurecimento do juízo, em uma palavra: depravação do humano"* (VIEHWEG. 1979. P. 20/21). Para Vico, segundo VIEHWEG, portanto, essas desvantagens ou mesmo dificuldades poderiam ser evitadas pela conciliação do método antigo com o método moderno, como uma condição indispensável para a perfeita utilização do segundo, ou seja:

> "Tudo isto, porém, segundo Vico, pode ser evitado pelo antigo método retórico e, especialmente, pela sua peça medular, a

---

[81] Ver também nota 48 na P. 69.

tópica retórica. Esta proporciona sabedoria, desperta a fantasia e a memória e ensina como considerar um estado de coisas de ângulos diversos, isto é, como descobrir uma trama de pontos de vista. Deve-se intercalar, diz Vico, o antigo modo de pensar tópico com o novo, pois este sem aquele na verdade não se efetiva". (VIEHWEG. 1979. P. 21)

Assim, VIEHWEG com o propósito de investigar se os fundamentos da Ciência do Direito ou a jurisprudência, em sua estrutura, desde Roma, corresponde ou não à tópica, passa a considerar tanto a retórica como a tópica aristotélica ou dialética, constantes do *órganon*, na perspectiva de uma cumplicidade comum ao âmbito retórico e dialético, ou seja, de que a primeira é análoga ou antístrofa à segunda somente no que tange a um saber de ordem lógico-formal, não se referindo, portanto, a nenhum objeto ou ciência.[82] A *Tópica* ou os *Tópicos* ocupa, para VIEHWEG, "uma posição especial, pois supõe um regresso a um estágio anterior, do qual só depois se salientou a Ciência Lógica" (VIEHWEG. 1979. P. 23) e, como vimos no capítulo anterior, uma posição anterior à da lógica formal ou analítica. Do mesmo modo, a retórica ocupa uma posição anterior aos Tópicos Aristotélicos, ou seja, diferente do referido saber de ordem lógico-formal e sendo

---

[82] Ver nota de nº 50, na p. 70.

o objeto da retórica o verossímil e o da dialética o provável, é a dialética o aprofundamento da retórica por não se contentar com a verossimilhança e por exigir prova consensual e racionalmente admitida.

Os Tópicos em Aristóteles são, para VIEHWEG, uma tentativa de aplicar à ciência ou lógica pura, descrita por Aristóteles nos *Analíticos*, a arte de argumentar ou discurso erístico, dado que as pesquisas e disputas praticadas por Aristóteles eram direcionadas, a partir das críticas aos sofistas, para a restauração do valor da opinião e sua desvinculação do arquétipo da mera arbitrariedade, ou seja, salientar "o apodítico do vasto terreno daquilo que é apenas dialético" (VIEHWEG. 1979. P. 24).[83]

Assim, nos Tópicos Aristotélicos ou dialética, VIEHWEG abarca tanto a concepção de raciocínio dialético quanto a noção de topói, como explicitados acima e no capítulo primeiro, ou seja, os raciocínios dialéticos, ao contrário dos apodícticos, não tomam como ponto de partida as premissas ou proposições primeiras e verdadeiras, mas, sim, premissas ou proposições fundadas em opiniões amplamente aceitas. Neste sentido, a dialética não assegura provas indestrutíveis e certezas cabais, mas apenas, por se basearem em opiniões e não em evidências, a probabilidades a partir do que foi apresentado

---

[83] A distinção entre o apodítico e o dialético é vislumbrada no capítulo primeiro.

como verossimilhante em um discurso retórico.

Os *topói*[84] são para Aristóteles, segundo VIEHWEG, *"pontos de vista utilizáveis e aceitáveis em toda parte, que se empregam a favor ou contra o que é conforme a opinião aceita e que podem conduzir a verdade"* (Viehweg, 1979: 27), pois, em relação aos raciocínios dialéticos e retóricos, se referem indistintamente a diferentes objetos jurídicos, físicos, políticos e outros variados objetos como o topos do mais e do menos. No entanto, pelo contrário, os princípios próprios, como as proposições de gênero e espécie, não permitem silogismos ou etimemas.

Os topói consistem, portanto, em uma cadeia de argumentos disponíveis para serem usados[85] contra ou a favor de uma tese ou problema fundado em uma opinião amplamente reconhecida como valiosa, pois, servem de ponto de partida da discussão.

A *Tópica* Aristotélica comparada à Tópica Ciceroniana não teve expressão histórica[86], mas, como bem observa Viehweg,

---

[84] Em grego, o termo *Tópos* designa lugar. Daí a expressão corrente "lugar-comum", que designa os argumentos mais ou frequentemente usados. Assim, os tópicos, ou lugares, são os argumentos disponíveis ao debatedor ou orador.

[85] ARISTÓTELES, complementando o entendimento sobre os topói, ressalta que: "a melhor regra é não se pôr levianamente a argumentar com o primeiro que se encontra, pois daí resultará seguramente uma má argumentação" (TÓPICOS. 164 b, 10/15)

é superior àquela.[87] O objetivo da Tópica Ciceroniana não era teórico como o da Tópica Aristotélica, mas puramente prático, e, nessa perspectiva, Cícero procurou elaborar, com base nos Tópicos Aristotélicos, um catálogo de topói que opulentou com exemplos jurídicos. No entanto, se, por um lado, Cícero bem observou que, entre lógica e dialética, há uma relação de complementaridade, por outro, abandona a distinção, feita por Aristóteles, entre apodítico e dialético, e, sob a influência

---

[86] A tópica e, mais precisamente, a atitude espiritual a ela subjacente *"é um antigo patrimônio intelectual da cultura mediterânea que emerge antes de Aristóteles, junto com ele e depois dele, em todas as formúlas retóricas, com o nome de euresis, inventio, ars inveniendi ou algo semelhante."* (VIEHWEG. 1979. P. 31) Assim, a tópica permaneceu como uma das três artes do trivium, ou seja, gramática, retórica e dialética, que a idade média açambarcou como escolástica. Já as artes do quatrívium eram a aritimética, a geometria, a astronomia e a música. A escolástica ou filosofia cristã da Idade Média ou, ainda, filosofia da escola vem designar duas formas de ensino medieval, ou seja, "a lectio, que consistia no comentário de um texto, e a disputatio, que consistia no exame de um problema através da discussão dos argumentos favoráveis e contrários.". (ABBAGNANO. 2003. P. 344)

[87] Cabe observar, contudo, que Cícero a redigiu em fuga, em alto-mar, e muito provavelmente não tinha em mãos a obra aristotélica, que cita de memória. Não compondo, portanto, uma teoria ou contribuição qualquer no campo filosófico, senão uma espécie de receituário, pois, dá maior relevância aos topói que estão ligados a assuntos científicos ou técnicos e pouca atenção aos atécnicos (prático). (VIEHWEG. 1979. P. 28/29)

estóica[88], apresenta uma teoria fundamental da argumentação ou dissertação a partir da distinção entre invenção e formação do juízo. (VIEHWEG. 1979. P. 29)

A invenção não cabe à Tópica Aristotélica, pois, segundo Aristóteles, a tópica é a teorização do discurso dialético que se segue à retórica e esta à poética, mas, para Cícero, a tópica consiste, precisamente, na invenção, na busca dos argumentos que servirão como premissas para a obtenção de conclusões logicamente fundadas, ou seja, para a formação do juízo. Podemos, então, inferir que Cícero, não só observou a relação de complementariedade entre lógica e dialética, como, também, a anterioridade da segunda em relação à primeira, e isto só pela distinção entre invenção e formação do juízo.

MANUEL ATIENZA, sobre a Tópica Ciceroniana, acrescenta que:

> "A Tópica de Cícero (obra dedicada precisamente a um jurista) teve uma influência histórica maior que a obra de Aristóteles e se distingue desta pelo fato de, fundamentalmente, tentar formular e aplicar um inventário de tópicos (quer

---

[88] O estoicismo que só se ocuparam da formação do juízo, como apresentada por Cícero, paralelamente ao epicurismo e ao ceticismo, toma a lógica como dialética, ou seja, *"como ciência de raciocínios hipotéticos cuja premissa expressa um estado de fato imediatamente percebido"*; a teoria dos signos que constituiria o *"antecedente da semiótica moderna"*; e a *"divisão da filosofia em três partes: lógica, física e ética"*. (ABBAGNANO. 2003. P. 375)

dizer, de lugares-comuns, de pontos de vista que têm aceitação generalizada e são aplicáveis seja universalmente, seja num determinado ramo do saber) e não, como a de Aristóteles, de elaborar uma teoria. Em Cícero desaparece a distinção entre o apodítico e o dialético, mas em seu lugar surge uma distinção que tem uma origem estóica (e que lembra até certo ponto a distinção vista no tema anterior entre contexto de descoberta e contexto de justificação), entre a invenção e a formação do juízo. A tópica surge precisamente no campo da invenção, da obtenção de argumentos; e um argumento é, para Cícero, uma razão que serve para convencer de uma coisa duvidosa (rationem quae rei dubiae faciat fidem); os argumentos estão contidos nos lugares ou loci – os topói gregos -, que são, portanto, sedes ou depósitos de argumentos; a tópica seria a arte de achar os argumentos" (ATIENZA. 2000. P. 64)

Assim, se Aristóteles vislumbra nos Tópicos uma teoria da dialética e, sendo esta a arte da discussão, oferece um catálogo de topói flexível à discussão ou à práxis, Cícero, contrário aos objetivos de Aristóteles, entende os Tópicos como uma práxis da argumentação com um catálogo de topói já pronto para aplicar. Assim, se Aristóteles busca a causa, à Cícero interessa somente o resultado.[89] (VIEHWEG. 1979. P. 31)

---

[89] O modo de pensar tópico surge como um contraponto ao modo de pensar sistemático-dedutivo, do qual a geometria euclidiana é paradigmática na antiguidade.

3.2.2 A Tópica de Theodor Viehweg. A techné do pensamento problemático, a axiomática e a satisfação da exigência de estabilidade e flexibilidade de um sistema jurídico lógico-dedutivo.

Em Tópica e Jurisprudência, no parágrafo terceiro, VIEHWEG faz uma análise da tópica, caracterizando-a não como um método, no sentido aristotélico, mas como uma técnica do pensamento problemático, e, assim, se conciliando mais com a Tópica Ciceroniana do que com a Tópica Aristotélica. Neste sentido, se os objetos dos raciocínios jurídicos são os problemas que se apresentam em quaisquer situações, ou seja, se o direito é, essencialmente, pautado por argumentações que giram em torno de problemas práticos, VIEHWEG afirma que a Tópica ou a atitude espiritual a ela subjacente é algo que o raciocínio jurídico deve, necessariamente, possuir. Assim, se VIEHWEG nega o direito como um sistema dedutivo, nega, também, a tópica como um método.

A tópica, como técnica do pensamento que se orienta para o problema objetivo e concreto, pretende fornecer indicações de como se comportar em situações de *aporia*, ou seja, uma situação que designa uma questão que, dada a dificuldade e dúvida, é estimulante e iniludível[90], *"a fim de não se*

Sobre isto, ver p. 37 a 39.

ficar preso, sem saída" (VIEHWEG. 1979. P. 33). A tópica é uma busca de um caminho para a resolução de uma situação problemática, cujo próprio problema é *"algo previamente dado, que atua sempre como guia"* (VIEHWEG. 1979. P. 34) E problema, a partir de VIEHWEG, é

> "toda questão que aparentemente permite mais de uma resposta e que requer necessariamente um entendimento preliminar, de acordo com o qual toma o aspecto de questão que há que levar a sério e para a qual há que buscar uma resposta como solução. Isto se desenvolve abreviadamente do seguinte modo: o problema, através de uma reformulação adequada, é trazido para dentro de um conjunto de deduções, previamente dado, mais ou menos explícito e mais ou menos abrangente, a partir do qual se infere uma resposta. Se a este conjunto de deduções chamamos sistema, então podemos dizer, de um modo mais breve, que, para encontrar uma solução, problema se ordena dentro de um sistema" (Viehweg, 1979: 34)

---

[90] *"Trata-se, em suma, do que se chama aporías ou pensamento aporético, isto é, o pensamento que vem provocado pelo problema que assedia e do qual não se pode esquivar, suscitando aquela situação de ânimo que Boécio chamou dubitatio. Percebe-se o problema – de conduta humana prática – como algo dado e como algo que nos dirige, isto é, como o que suscita ou põe em marcha o pensamento"* (RECASÉNS SICHES. 1971. P. 353).

Se colocarmos, então, a ênfase no sistema, que opera uma seleção de problemas, os problemas insolúveis e não selecionados serão desprezados como meros problemas aparentes. No entanto, ao contrário, se colocarmos a ênfase no problema, cujo caráter permanece sempre confirmado, resultará em uma seleção de sistemas.

Assim, essa noção de problema se contrapõe à de sistema, e VIEHWEG, na esteira de Nicolai Hartmann, distingue pensamento problemático ou aporético e pensamento sistemático, ou seja:

> "'O modo de pensar sistemático procede do todo. A concepção é nele o principal e permanece sempre como o dominante. Não há que buscar um ponto de vista. O ponto de vista está adotado desde o princípio. E a partir dele se selecionam os problemas. Os conteúdos do problema que não se conciliam com o ponto de vista são rejeitados. São considerados como uma questão falsamente colocada. Decide-se previamente não sobre a solução dos problemas, mas sim sobre os limites dentro dos quais a solução pode mover-se'" (...) "'O modo de pensar aporético procede em tudo ao contrário'. A isto se acrescenta uma série de considerações, que termina com a seguinte frase: '(O modo de pensar aporético) não põe em dúvida que o sistema exista e que para sua própria maneira de pensar talvez seja latentemente o determinante. Tem certeza do seu sistema, ainda que não chegue a

ter dele uma concepção'"" (HARTMANN apud VIEHWEG. 1979. P. 35).

Se todo problema exige uma solução, pois, do contrário, não se configuraria como uma aporia, a diferença entre pensamento problemático e pensamento sistemático só ganha clareza, segundo MANUEL ATIENZA, a partir da inteligibilidade de que a distinção reside em uma questão, tão somente, de ênfase ou, segundo VIEHWEG, acento. A resolução do problema dar-se-á naturalmente através de um sistema que lhe servirá como ajuda. Assim, segundo MANUEL ATIENZA,

> "todo pensamento - toda disciplina – surge a partir de problemas e dá lugar a algum tipo de sistema, mas a ênfase pode recair em um ou outro elemento. Se a ênfase é posta no sistema, então este realiza uma seleção dos problemas e, assim, os que não recaem sob ele são afastados e ficam simplesmente sem ser resolvidos. Se, pelo contrário, a ênfase é posta no problema, então se trata de buscar um sistema que ajude a encontrar a solução; o problema leva assim a uma seleção de sistemas e em geral a uma pluralidade de sistemas; aqui se trataria, portanto, de algo assim como um sistema aberto no qual o ponto de vista não é adotado de antemão" (ATIENZA. 2000. P. 67)

Se os raciocínios jurídicos tomam como objeto os problemas práticos, a ênfase deve ser dada ao pensamento problemático e não ao pensamento sistemático, e, nesta perspectiva, VIEHWEG não nega a existência de um sistema no qual o problema possa buscar uma solução, mas, sim e tão somente, a possibilidade de conhecer previamente aquele sistema. A alternativa é, então, proceder de um modo em que se vai

> "rodeando o problema, mais de uma vez; ir iluminando as várias facetas ou vertentes do problema, ir ponderando, sopesando, apreciando, estimando os diversos componentes e as várias dimensões que no problema intervêm, para chegar finalmente ao encontro de uma conclusão que apareça como a mais plausível, a que ofereça melhores visos de prudência, de adequação, de maior acerto a respeito dos resultados práticos" (RECASÉNS SICHES. 1971. P. 356)

A tópica, segundo VIEHWEG, do ponto de vista do objeto, é a techné do pensamento problemático, do ponto de vista do instrumento com que opera, tem-se a noção de topói ou cadeia de argumentos ou lugares-comuns, e do ponto de vista do tipo de atividade, é a busca e exame de premissas. (ATIENZA. 2000. P. 65)

Assim, diante de um problema deve-se buscar, através de tentativas e escolhas arbitrárias, pontos de vistas mais ou menos causais ou premissas que sejam objetivamente adequadas e fecundas à solução do problema. Segundo THEODOR VIEHWEG, a "observação ensina que na vida diária quase sempre se procede desta maneira" e que, nestes casos, "uma investigação ulterior mais precisa faz com que a orientação conduza à determinados pontos de vista diretivos" e para "efeito de uma visão mais abrangente, denominamos tal procedimento de tópica de primeiro grau." (VIEHWEG. 1979. P. 36)

Os catálogos de topói ou repertório de pontos de vista já preparados representariam, segundo VIEHWEG, um apoio fundamental à uma resposta dirigida à afirmação de que é a exaltação da insegurança[91]. E um *"procedimento que se utiliza desses catálogos*

---

[91] Mesmo os catálogos de topói ou pontos de vista satisfazem *"tão pouco nosso espírito sistemático que nos sentimos impelidos a fazer urgentemente o trabalho dedutivo-sistemático. Sentimos o desejo de começar a estabelecer, por uma parte, uma série de conceitos fundamentais, com o fim de obter definições em cadeia, e, por outra parte, a fixar proposições centrais, com a finalidade de fazer deduções em cadeia ou algo parecido ao que aprendemos no que se relaciona com uma investigação de princípios. Com isto, não obstante, alteramos a peculiar função dos topoi. Desligamo-los progressivamente de sua orientação para o problema quando tiramos conclusões extensas e absolutamente corretas. E, finalmente, notamos que estas conclusões se encontram muito longe já da situação inicial e são, apesar de sua correção, inadequadas, razão pela qual somos levados a afirmar que entre o sistema que havíamos projetado e o mundo do problema, que apesar de tudo não perdeu nada de sua problemática, se abriu uma notável fissura."* (VIEHWEG. 1979. P. 39)

chamamos tópica de segundo grau". (VIEHWEG. 1979. P. 36)

Podemos entender que, diante de um problema, os tópicos quando tomados isoladamente constituem, então, a chamada tópica de primeiro grau, ao passo que, quando são organizados em catálogos recebem a designação de tópica de segundo grau. Logo os catálogos de topói ou repertório de pontos de vista não constituem um conjunto de deduções e só recebem um sentido a partir do problema.

Os catálogos de topói ou repertório de pontos de vista, segundo VIEHWEG, são designados como sendo universalmente aplicáveis e aplicáveis apenas a um determinado ramo. Os topói universalmente aplicáveis são generalizações muito amplas ou elementos de prova suscetíveis de serem usados em qualquer discussão imaginável ou problema apenas pensável. Já os topói aplicáveis apenas a um determinado ramo só servem para um determinado círculo de problemas. Como topói universalmente aplicáveis temos aqueles indicados por Aristóteles, Cícero e seus sucessores, mas, como topói aplicáveis apenas a um determinado círculo de problemas, VIEHWEG indica a obra "De methodo ac rationi studendi libritres", com edição de 1541, do jurista Gribaldus Mopha, no qual o autor oferece um catálogo específico de lugares-comuns jurídicos, extraídos do *Corpus*

Juris Civilis de Justianiano, e organizados em ordem alfabética. (VIEHWEG. 1979. P. 37)

Os catálogos de topói ou repertório de pontos de vista universalmente aplicáveis e aplicáveis apenas a um determinado círculo de problemas, ou, respectivamente, gerais e especiais, têm a função única de servir a uma discussão sobre determinado problema. Esta função designa uma importância, característica da conciliação do dinamismo e da ordenação dos topói, aos círculos de problemas que mantêm ou não perdem nunca seu caráter problemático, ou seja, diante das alterações possíveis de situações e em casos particulares, é preciso encontrar novos pontos de vista para a solução do problema, cuja característica é o contínuo caráter problemático. Os topói ou pontos de vista que, dependendo do problema, aparecem como adequados ou inadequados, dado o entendimento que não são absolutamente imutáveis e se entendidos de um modo funcional, possibilitam a orientação e a condução do pensamento na determinação de um sentido do topos ou ponto de vista a partir do problema. Daí serem, os topói ou pontos de vista, sempre flexíveis e elásticos, só permitindo alcançar conclusões curtas, e nunca longas cadeias dedutivas, características do modo de pensar sistemático. (VIEHWEG. 1979. P. 38)

A tópica se caracteriza, assim, como uma arte da invenção ou *ars inveniendi*, um procedimento de busca e exame racional de premissas ou tópicos sem término previsto, que só se interrompe ou acaba, dependendo do problema, quando se alcança uma solução considerada satisfatória para o problema em questão. A tópica como art inveniendi se contrapõe à formação do juízo ou *ars iudicandi* que, tanto em CÍCERO como em VIEHWEG, não tem por objetivo ou função a descoberta das premissas, mas, sim, o seu recebimento para a obtenção de conclusões logicamente fundadas, ou seja, para a formação do juízo.

Os tópicos são concebidos como premissas compartilhadas que, não sendo absolutamente verdadeiras e evidentes, possuem uma carga de probabilidade que os torna instrumentos adequados para um convencimento racional sobre a melhor solução para uma situação problemática. Neste sentido, se pode observar que, como se dá em ARISTÓTELES e se tendo abandonado a distinção entre a dialética e o apodítico, tanto na tópica em CÍCERO como na tópica em VIEHWEG, não há a distinção entre a dialética que assegura a probabilidade a partir do que foi apresentado como verossímil em um discurso retórico, embora as premissas ou proposições de ambos sejam fundadas em opiniões amplamente aceitas; há somente a distinção, vislumbrada por CÍCERO, entre invenção e formação do juízo.

A tópica como uma arte da invenção ou *ars inveniendi* assim se caracteriza pela constante vinculação ao problema, um procedimento constante e dinâmico de busca de premissas, e não só uma operação puramente lógica, ou *ars iudicandi*, pois, segundo VIEHWEG, *"não é possível liquidar totalmente a problemática que se quer dominar, e esta aparece por toda a parte com uma forma nova."* (VIEHWEG. 1979. P. 39)

Se a tópica como ars inveniendi se diferencia da lógica demonstrativa ou ars iudicandi é possível distinguir, segundo VIEHWEG, *"uma reflexão que busca o material para pensar, de outra que se ajusta à lógica."*. E, dada a convergência com o raciocínio aristotélico acima citado, complementa com a afirmação de que: *"É igualmente claro que na prática esta última deve vir depois daquela."*. A tópica, conclui, "é uma meditação prelógica", pois busca as premissas ou proposições ou topóis que a lógica irá receber para elaborar uma solução com uma constante vinculação ao problema ou uma formação de juízo com a característica desvinculação do problema. Neste sentido, como função, "a *inventio* é primária e a *conclusio* secundária" (VIEHWEG. 1979. P. 39/40).

A tópica ou techné do pensamento problemático é esquiva às vinculações, sem, no entanto, renunciar por completo àquelas vinculações, dado o interesse em estabelecer determinadas fixações. O aparente paradoxo é dirimido a partir da inteligibilidade de um acordo recíproco ou entendimento comum, ou seja, mediante perguntas e respostas adequadas à indicação do que é e do que aparentemente possa ser digno de uma reflexão mais profunda. Neste sentido, também se pode observar a contínua vinculação ao problema.

THEODOR VIEHWEG nos dá um exemplo desse aparente paradoxo:

> "A atividade processual, por exemplo, ensina isto diariamente ao jurista. São exemplos clássicos os diálogos platônicos em que Sócrates vai criando, por meio de uma técnica de perguntas, de efeito bastante peculiar, aqueles acordos de que necessita para suas demonstrações." (VIEHWEG. 1979. P. 41)

O acordo recíproco ou entendimento comum, a partir de perguntas e respostas adequadas à indicação do que é e do que aparentemente possa ser digno de uma reflexão mais profunda, pode ser originário da interpretação que, abrindo novas possibilidades de entendimento, não lesam o que é, até então, um ponto de vista fixado. Assim, ao mesmo tempo em que os pontos de vista fixados são mantidos, são, também, dadas as conexões distintas, submetidos à novos pontos de vista que se produzem, dando aos pontos de vista já fixados uma nova direção.

Se as premissas fundamentais se legitimam só pela aceitação do interlocutor no procedimento descrito[92], fica claro que a tópica ou invenção, ou aquilo que Aristóteles designa como dialética, se configura a única instância possível de controle e discussão dos problemas. No entanto, o que na tópica, dada a discussão dos problemas, ficou provado como aceitável ou relevante é admissível como premissa, e se isto, segundo THEODOR VIEHWEG, pode parecer muito arriscado,

> "é menos inquietante se se tem em conta que os que disputam dispõem de um saber que já experimentou prévia comprovação, seja ela qual for, e que entre pessoas razoáveis só pode contar com aceitação se tiver um determinado peso específico. Desta maneira, a referência ao saber 'dos melhores e mais famosos' encontra-se também justificada." (VIEHWEG. 1979. P. 42/43)

A legitimação ou prova de uma premissa é, para Viehweg, diferente da sua demonstração ou fundamentação, pois, esta é uma questão puramente lógica, que exige um sistema dedutivo. E a tópica, pressupondo a não existência da formação do juízo desvinculado do problema, cujo

---

[92] Na tópica, o ponto de partida ou consenso sobre o exame de uma premissa é mais importante do que o ponto de chegada ou decisão. Trata-se do consenso sobre o ponto de partida e, por conseguinte, a fundamentação da racionalidade para posterior decisão ou solução do problema. A tópica coleciona pontos de vista e os reúne em catálogos que, não estando organizados por um nexo dedutivo, são especialmente fáceis de serem ampliados e completados.

procedimento, segundo GIAN BATTISTA VICO e THEODOR VIEHWEG, designa o *"methodus critica"* fundado no *"primum verum"*, é que designa a constante vinculação ao problema com a manutenção da redução e dedução *"em limites modestos"*. (VIEHWEG. 1979. P. 43)

Neste ponto, podemos observar que VIEHWEG enfatiza, em termos ideais, a distinção e a contraposição entre sistema dedutivo e tópica, afirmando que: "quando se logra estabelecer um sistema dedutivo, a que toda ciência, do ponto de vista lógico, deve aspirar, a tópica deve ser abandonada." (VIEHWEG. 1979. P. 43). Em um sistema lógico ideal ou negando que, na prática, existam conexões essenciais entre sistema e problema, a tópica perde sua funcionalidade diante da inexistência de premissas a descobrir.

Assim designando a tópica, VIEHWEG sustenta que a mesma foi a base fundamental da jurisprudência[93] romana antiga e durante a Idade Média. Assim, o procedimento que envolve o raciocínio problemático, para o romano, consistia, não em elaborar um sistema jurídico lógico-dedutivo, mas, sim, na proposição de um problema para o qual se buscava argumentos

---

[93] Entenda-se por Jurisprudência o mesmo que Ciência do Direito. Viehweg faz uso do primeiro termo em oposição a *Jurisciencia*, dadas as críticas que faz a qualquer tentativa de cientifização da Jurisprudência.

ou tópicos, tendo em vista uma solução para o problema. Então, o assim chamado *ius civile*[94] tinha por objetivo principal a busca dos tópicos que se legitimavam quando eram aceitos por homens notáveis como os jurisconsultos. O romano busca premissas que, apoiadas nestes tópicos, lhe ajudassem no processo inventivo. (ATIENZA. 2000. P. 67/68)

THEODOR VIEHWEG se referindo a busca dos tópicos na perspectiva da jurisprudência romana afirma que:

> "Cada um se vê impelido, não a ordenar o caso dentro de um sistema previamente encontrado, mas sim a exercitar sua própria dicaiosine por meio de considerações medidas e vinculadas. O modo de trabalho a ser seguido deve ser adequado a esta tarefa. É preciso desenvolver um estilo especial de busca de premissas que, com o apoio em pontos de vista provados, seja inventivo. O que mediante esses esforços se obtém fica pronto para tentativas semelhantes. Esse estilo especial cumpre uma função importante na incessante busca do direito e deve-se cuidar que não se perca este valor funcional por causa de tratamentos equivocados" (VIEHWEG. 1979. P. 50)

---

[94] *"Para um espírito sistemático, o ius civile constitui, como é sabido, uma desilusão bastante grande. Nele, dificilmente se encontram conjuntos de deduções de granade abrangência"* (VIEHWEG. 1979. P. 45)

Do estudo do direito ou da jurisprudência medieval, no medievo, pelos pré-glosadores e glosadores[95], mas principalmente pelos pós-glosadores como representantes do *mos italicus*, pode-se dizer o mesmo que do *ius civile*, ou seja, que se orienta para o problema e que, portanto, tinha que desenvolver uma *techné* adequada para isto. Assim, a falta de um raciocínio sistemático ou de procedimentos, que é uma das características mais importantes da estrutura tópica, foi também uma das principais críticas que se fizeram ao *mons italicus* a partir do século XVI. (VIEHWEG. 1979. P. 60/61) Daí, o *mons italicus* representarem o encerramento, de certo modo, de uma linha de evolução da Jurisprudência, marcada pela estreita vinculação com a tópica.

O fato dos pré-glosadores e glosadores, mas principalmente dos pós-glosadores como representantes do *mos italicus* estarem

---

[95] A função dos glosadores, no grande centro universitário de Direito na Itália do século XI, consistia em tomar como objeto os textos dos juristas romanos e comenta-los, possibilitando sua aplicação na, então Idade Média. Os textos eram copiados e, à margem ou nas entrelinhas, comentado. Este comentário era designado como glosas interlineares e glosas marginais. Este movimento se destaca pelo resgate dos textos dos juristas romanos, a busca de coerência entre eles e a harmonização em relação à sociedade medieval. Os textos passam, então, a não ser mais resultado do pensamento jurídico, mas seu ponto de partida, de modo que o texto, e não mais a comunidade, passa a ser o pressuposto para o conhecimento do Direito.

familiarizados com a tópica, absorvida pela retórica desde a antiguidade, é algo que sua própria formação cultural evidencia, pois, VIEHWEG assinala que "o estilo de ensino no *mos italicus* se baseava na discussão de problemas, aduzindo-se argumentos a favor e contra as suas possíveis soluções, e não tanto na configuração de um sistema" (ATIENZA. 2000. P. 68).[96]

A jurisprudência romana durante a Idade Média, tomada ainda como tópica, se designava como a exegese ou glosa[97] dos textos jurídicos romanos antigos, pois, segundo VIEHWEG, *"a ars inveniendi e, portanto, a tópica, tem de servir como meio auxiliar."* (...) *"Sem interpretação não há jurisprudência"*. (VIEHWEG. 1979. P. 62/63)

Na modernidade, em razão do método crítico de caráter axiomático dedutivo, citado por VICO[98], a tópica é gradativamente rechaçada. Um método que designava uma série de princípios e axiomas dotados de plenitude, compatibilidade e independência, como ponto de partida. Um método que não podia ser aplicado ao campo da jurisprudência, uma vez que esta, dada a tópica, não podia converter-se em um método, pois faltava-lhe a qualificação de um

---

[96] Ver também p. 59 e 60 de Tópica e jurisprudência de Theodor Viehweg.

[97] Exegese ou glosa designa comentário, explicação ou interpretação gramatical e histórica de um texto obscuro ou de difícil entendimento.

[98] Ver p. 101/102 desta.

procedimento que fosse lógico e rigorosamente verificável e que criasse um nexo unívoco de fundamentos; um sistema dedutivo. (VIEHWEG. 1979. P. 71 e ATIENZA. 2000. P. 68/69)

De um modo diverso do método sistemático-dedutivo, LEIBNIZ concebe a jurisprudência na forma de ars combinatória, fazendo concordar, assim, *"o tradicional estilo de pensamento da Idade Média com o espírito matemático do século XVII"* (VIEHWEG. 1979. P. 71), ou seja, para LEIBNIZ não é necessário rechaçar a tópica em favor de um método sistemático-dedutivo, pois, mesmo admitindo a ars inveniendi em sua estrutura fundamental, entende que ela pode ser colocada sob controle aritmético; trata-se de conceber ars inveniendi como ars combinatória, ou seja, a matematização da tópica. Assim, a tentativa de LEIBNIZ de matematizar a tópica jurídica, a partir do projeto de uma casuística geral[99] de problemas ou casos ocorridos no âmbito do direito, é dada por inutilizada diante da multivocidade da linguagem natural, fato que finalmente o levou ao propósito de fundar uma linguagem precisa, e deslocando o enfoque para a axiomática, o levou também à logística. (VIEHWEG. 1979. P. 72/73)

---

[99] Trata-se do registro, exame e ajustamento à espécie jurídica ocorrente de solução dada por outro a caso idêntico.

A pretensão de se fazer da Jurisprudência uma Ciência do Direito, dado um raciocínio sistemático-dedutivo, estava fadada a se malograr[100], pois, neste sentido, VIEHWEG afirma que o Direito não é uma disciplina sistematizável e, mesmo dada a axiomática, portanto, capaz de encontrar princípios seguros e objetivos, ou seja, o Direito, marcado pela possibilidade, verossimilhança e probabilidade infinita de novas situações fáticas e soluções de problemas, caracteriza-se por ser uma contínua discussão de problemas.

A afirmação de não ser o Direito uma disciplina sistematizável e que, portanto, é incapaz de encontrar princípios seguros e objetivos, não tem a conotação de desprezo ou refutação a qualquer tipo de estabilidade ou segurança jurídica, pois, se consideramos a tópica uma constante vinculação ao problema

---

[100] A Escola da Exegese francesa e a Pandectística alemã, já no século XIX e dada a axiomática na determinação do raciocínio sistemático-dedutivo, foram tentativas fracassadas de rechaçar a tópica do Direito, mas, o espírito tanto sistematizante quanto tópico, já no século XX, culminou no normativismo de Hans Kelsen que, contrariando os fracassos daqueles que o antecedeu, teoriza o Direito como um sistema fechado que, embora dinâmico, é uma ciência avessa a quaisquer valorações ou considerações extra-lógicas. Daí se dizer que Hans Kelsen afasta o político de sua teoria. Embora, nesse período tenham atravessado fases diversas, de apogeu e declínio, essas escolas podem ser caracterizadas, em linhas gerais, por seu positivismo legalista.

que, dada a techné do pensamento problemático e o entendimento comum, abre novas possibilidades de entendimento não lesando o que é, até então, um ponto de vista fixado, temos que a constante reelaboração do direito leva em conta que toda a estrutura das ações jurídicas conserve sua estabilidade, *porém sem perder sua flexibilidade.*

Segundo VIEHWEG, dadas as situações cambiantes, se faz uso de novos tópicos, ora pela legislação, ora pela interpretação jurisdicional, e ao mesmo tempo em que os pontos de vista fixados são mantidos, são, também, dadas as conexões distintas, submetidos à novos pontos de vista que se produzem, dando aos pontos de vista já fixados uma nova direção.

Assim, servir às exigências de estabilidade e de flexibilidade constitui tanto um paradoxo quanto a própria razão ou miolo da arte jurídica. E o professor TÉRCIO SAMPAIO FERRAZ Jr. nos ensina que:

> "um campo teórico como o jurídico, pensar topicamente significa manter princípios, conceitos, postulados, com um caráter problemático, na medida em que jamais perdem sua qualidade de tentativa[101].

---

[101] O topos ou fórmula, variável no tempo e no espaço, dotado de força persuasiva, é usado mesmo nas argumentações não técnicas das discussões cotidiana, como, por exemplo, o topos do tipo "a vontade da maioria decide". Neste sentido, no direito, há o topos do interesse, legalidade, legitimidade, soberania, direito individuais, autonomia da vontade, capacidade etc.

Como tentativa, as figuras doutrinárias do Direito são abertas, delimitadas sem maior rigor lógico, assumindo significações em função dos problemas a resolver, constituindo verdadeira 'fórmulas de procura' de solução de conflito. Noções-chaves como 'interesse público', 'vontade contratual', 'autonomia da vontade', bem como princípios básicos como 'não tirar proveito da própria ilicitude', 'dar a cada um o que é seu', 'in dubio pro reo' guardam um sentido vago que se determina em função de problemas como a relação entre sociedade e indivíduo, protcção do indivíduo em face do Estado, do indivíduo de boa fé, distribuição dos bens numa situação de escassez etc., problemas estes que se reduzem, de certo modo, a uma aporia nuclear, isto é, a uma questão sempre posta e renovadamente discutida e que anima toda a jurisprudência: a aporia da justiça." (VIEHWEG. 1979. P. 03/04)

Daí, se pode inferir, como evidente, que a refutação ou eliminação da tópica não ocorre na escolha dos axiomas, pois, a determinação e seleção do topos, dos conceitos fundamentais ou dos princípios objetivos, é, na perspectiva da lógica, uma posição arbitrária. Trata-se, segundo VIEHWEG, no que diz respeito ao topos, de uma invenção que deve satisfazer as exigências de estabilidade e flexibilidade.

Assim, para a refutação ou eliminação da tópica, que não ocorre na escolha dos axiomas, seria necessário tanto uma rigorosa axiomatização quanto a proibição de interpretação, aplicação e o uso da linguagem natural dentro de um sistema jurídico lógico-dedutivo. Segundo VIEHWEG, esta empresa:

> "se alcançaria de um modo mais completo mediante o cálculo; alguns preceitos de interpretação dos fatos orientados rigorosa e exclusivamente para o sistema jurídico (ou cálculo jurídico); não impedir a admissibilidade das decisões non liquet; conseguir uma ininterrupta intervenção de um legislador, que trabalhe com uma exatidão sistemática (ou calculadora) para tornar solúveis os novos casos que surgem como insolúveis, sem perturbar a perfeição lógica do sistema (ou cálculo)." (VIEHWEG. 1979. P. 84)

A referida interpretação, aplicação e o uso da linguagem natural são designados como sendo três modos de irrupção da tópica em um sistema jurídico lógico-dedutivo. Assim, se o pensamento interpretativo se move no estilo da tópica e se o ordenamento jurídico está submetido a constantes modificações temporais, a interpretação e, portanto, também a tópica, se tornam penetrantes. A aplicação, que eventualmente pode conservar a perfeição de um sistema jurídico lógico-dedutivo, se depara com uma quantidade indeterminada de casos que não se pode solucionar dentro do dito sistema, o que só é possível, segundo VIEHWEG, a partir *"de uma interpretação adequada que*

*modifique o sistema através de uma extensão,
redução, comparação, síntese, etc.".* No só
uso da linguagem natural se apreende a
unificação de *"uma pletora quase ilimitada de
horizontes de entendimentos, que variam
continuamente"* e, por conseguinte, a
flexibilização na busca de novos pontos de
vista que, por si só, denota a maneira tópica.
(VIEHWEG. 1979. P. 81/82)

Segundo VIEHWEG, se *"para um
observador desprevenido"*, ou seja, para o
observador desprovido de resistência a algo
que possa abalar a segurança proveniente de
um sistema jurídico lógico-dedutivo,

> "o quadro estrutural não se modificou de
> um modo básico, em comparação com o
> dos tempos pré-sistemáticos.", este
> poderá "ver reafirmada a mesma techne
> que através dos séculos foi cultivada de
> modo manifesto e reconhecido em
> estreita conexão com a retórica.".
> (VIEHWEG. 1979. P. 83)

Viehweg analisa ainda, no restante de
sua obra, traços da tópica na civilística
contemporânea, bem como, em um apêndice
acrescentado anos depois, o desenvolvimento
posterior da tópica como techné do
pensamento problemático. Este último, dada a
relevância que lhe é atribuída, em razão dos
objetivos do presente estudo, será analisado
em conjunto com outros artigos do autor.

3.3 A nova retórica de Chaïm Perelman.

CHAÏM PERELMAN[102] aplicando o método positivista de Frege em um trabalho intitulado *De la justice*, formulou a tese fundamental de que é válida uma noção de justiça de caráter puramente formal, ou seja, dado o método positivista de Frege, eliminando desta noção de justiça quaisquer juízos de valor por considera-los arbitrários, PERELMAN evidencia "uma noção de justiça formal que corresponde à regra de justiça, segundo a qual é justo tratar do mesmo modo situações essencialmente semelhantes." (PERELMAN, 2000. P. 137).

O ponto de vista positivista adotado se justifica, como um método racional e dada a experiência e a demonstração, por poder "estabelecer a verdade de certos fatos e de certas proposições, lógicas e matemáticas"; um método racional que se designa falibilista em estabelecer a verdade de certos fatos e proposições de juízos de valor permanentemente controvertidos. Segundo PERELMAN, no caso dos juízos de valor, "quando é necessário superar os desacordos que eles suscitam e tomar uma decisão, é a razão do mais forte que se impõe como a

---

[102] CHAÏM PERELMAN (1912 - 1984), polonês de nascimento, desde jovem viveu na Bélgica. Estudado Direito e Filosofia na Universidade de Bruxelas, onde anos mais tarde se tornaria professor. Dedicou-se ao estudo da lógica e escreveu sua tese de doutoramento, em 1938, sobre GOTTLOB FREGE. (ATIENZA. 2000. P. 81)

melhor, sendo o mais forte aquele que prevalece pelas armas ou por um voto majoritário.". (PERELMAN. 2000. P. 136)

Assim, se a concepção positivista de Frege implicava na renúncia aos juízos de valor, restringindo, consequentemente, "o papel da lógica, dos métodos científicos e da razão a problemas de conhecimento puramente teóricos", implicava, também, na renúncia a qualquer razão prática, "que se aplica a todos os domínios da ação, desde a ética até a política, e justifica a filosofia como a busca da sabedoria" e, por conseguinte, à tradição aristotélica. (PERELMAN. 2000. P. 36)

Este método positivista, tomando como base fundamental a ideia de evidência e o *more geometrico* cartesiano (a dúvida hiperbólica)[103], determinava ser impossível a

---

[103] "a tradição de pensamento cartesiano, que busca especialmente e acima de tudo a 'evidência', desdenha qualquer proposição que não possua esse caráter de óbvio, de indiscutível, de exato, de preciso. Esta concepção, porém, logicista ou matematizante do pensamento, é muito estreita, pois deixa fora uma enorme quantidade de raciocínios, os quais não têm nem podem ter forma demonstrativa" (RECASÉNS SICHES. 1971. P. 377). Descartes e os racionalistas que se seguiram a ele, tomando como ponto de partida, em suas especulações, ideias claras e distintas (como o cogito, ergo sum) e que, portanto, não eram passíveis de discussões, não julgavam necessário a persuasão e o convencimento de ninguém acerca da verdade das premissas de suas conclusões e, assim, puderam rechaçar a dialética e a retórica na perspectiva

escolha ou a decisão fundada em questões prática, pois se movia não no terreno da razoabilidade e da deliberação, mas no da *apoditicidade*, da necessidade ou impossibilidade de ser de outra maneira.

Se o raciocínio jurídico, dada a aplicação do direito e a perspectiva de uma teoria pura do direito que ignorasse os juízos de valor, era uma simples operação dedutiva e a solução fundada só no critério da legalidade. No entanto, na medida em que estes juízos de valores intervêm, não violando a lei e vinculado á consciência do julgador, foge, por esta razão, ao controle de um raciocínio jurídico positivista ou sistema jurídico lógico-dedutivo. PERELMAN, então, buscando saber se os juízos de valor são ou não subjetivos e inteiramente irracionais, propõe, com a colaboração de Lucie Olbrechts-Tyteca, a elaboração de uma metodologia própria ou a criação de uma *lógica dos juízos de valor, "que não fizesse depender do arbítrio de cada um" (PERELMAN. 2000. P. 137). PERELMAN, então, afirma que:*

> "ela nos conduziu, após quase dois anos de trabalho, à conclusão inesperada de que não havia lógica específica dos juízos de valor, mas que, nas áreas examinadas, bem como em todas aquelas em que se

aristotélica. Ou seja, se as proposições são evidências, não será preciso convencer ninguém disso, pois, da proposição evidente, como ponto de partida, todas as conclusões são deduzidas do mesmo modo por todos.

trata de opiniões controvertidas, quando se discute e delibera, recorre-se a técnicas de argumentação. (PERELMAN. 2000. P. 138)

Com esta conclusão, PERELMAN, então, se posiciona expressamente contra a ideia cartesiana de evidência e, consequentemente, contra o método positivista, dada uma racionalidade inabarcável por um sistema jurídico lógico-dedutivo.[104] Ele parte da distinção básica, de origem aristotélica, entre raciocínios analíticos ou lógicos formais e raciocínios dialéticos ou retóricos, situando, neste último, a sua teoria da argumentação, portanto, a busca e a apresentação dessa, até então esquecida[105],

---

[104] Sobre esta racionalidade inabarcável por um sistema jurídico lógico-dedutivo, Sócrates, no dialógo com Êutifron, examina: "Se eu você divergíssemos sobre qual a maior de duas quantidades, a divergência sobre elas nos tornaria inimigos, nos indisporia um com o outro, ou nós faríamos o cálculo e logo nos reconciliaríamos a seu respeito?" (...) "Se discordássemos quanto a mais comprido e a mais curto, não tomaríamos as medidas e acabaríamos logo com a diferença?" (...) "Também iríamos a uma balança, creio eu, se discordássemos quanto a mais leve e a mais pesado?" (...) "Então, quais os temas controversos, quais os pontos de vista irreconciliáveis que nos tornariam inimigos um do outro e nos poriam exaltados? (...) "são estes: justo e injusto, belo e feio, bom e mau. Não é divergindo nesse terreno e por não atingirmos uma solução satisfatória a esse respeito que nos tornamos inimigos, quando isso acontece, eu e você e todos os outros homens?" (PLATÃO. Êutifron. 2002. P. 105/106)

dimensão da racionalidade, será por ele reformulada e denominada de *"nova retórica"*.

Esta *"nova retórica"* designa um prolongamento e um desenvolvimento das técnicas de argumentação, pois, se Aristóteles definia a retórica como *"a arte de procurar, em qualquer situação, os meios de persuasão disponíveis"*, PERELMAN propõe o objeto da retórica como *"o estudo das técnicas discursivas que visam a provocar ou a aumentar a adesão das mentes às teses apresentadas a seu assentimento"* (PERELMAN. 2000. P. 141).

A *"nova retórica"* de PERELMAN, então: *"procura persuadir por meio do discurso"* ou se designa pela busca de um acordo prévio; *"concerne à demonstração e às relações da lógica formal com a retórica"*, o que informa a limitação tanto da demonstração quanto da lógica formal; parte do pressuposto de que *"a adesão a uma tese pode ter intensidade variável"* quando se trata de valores e não verdades[106]; e, persuade pelo

---

[105] A dimensão dialética e retórica do discurso foi "uma disciplina que, após ter sido considerada o coroamento da educação greco-romana, degenerou no século XVI, quando foi reduzida ao estudo das figuras de estilo, e depois desapareceu por completo dos programas de ensino secundário" (PERELMAN. 2000. P. 141).

[106] "os fatos e as verdade são sempre compatíveis, e duas proposições evidentes não podem afirmar teses contraditória", por exemplo: "aquele que afirma 'a negação do que afirma aquele que julga com evidência,

discurso e, portanto, *"diz respeito mais à adesão do que à verdade"*, pois

> "as verdades são impessoais, e o fato de serem, ou não, reconhecidas nada muda em seu estatuto. Mas a adesão é sempre a adesão de um ou mais espíritos aos quais nos dirigimos, ou seja, de um auditório". (PERELMAN. 2000. P. 141 a 143)

Para ARISTÓTELES, a retórica, como a faculdade de descobrir o que é capaz de persuadir, é, do ponto de vista formal antístrofa à dialética, mas, do ponto de vista material ou no que diz respeito ao conteúdo, é antístrofa à ética e à política.[107] Assim, a retórica, como técnica do discurso público, dada a ética e a política, tem por objetivo ou função a persuasão de um auditório não especializado e incapaz de acompanhar um raciocínio complexo. Neste sentido, Aristóteles, a partir da multidão reunida em praça pública, concebe diferentes tipos de auditório, distintos pela idade e pela fortuna.[108]

Já, para PERELMAN, um auditório ou o auditório, como noção central da nova retórica, é a representação de estudiosos ou ignorantes, de uma única pessoa, de um pequeno grupo ou da humanidade inteira, pois, um discurso só é eficaz se dirigido e

---

não pode julgar com evidência'" (PERELMAN. 2000. P. 142/143)

[107] Ver p. 77 desta.

[108] Retórica. L. I, 1357, 1-4.

adaptado ao auditório que se quer convencer ou persuadir. PERELMAN sustenta, ainda, ser possível *"argumentar-se também consigo mesmo, numa deliberação íntima."* E que o mesmo discurso possa se dirigir, ao mesmo tempo, a diversos auditórios, ou seja,

> "o orador pode, em um discurso no Parlamento, subdividir seu auditório em tantos elementos quantos forem os partidos políticos; pode procurar ganhar para a sua causa a opinião pública nacional ou internacional, que não reagirão necessariamente da mesma forma a cada um de seus argumentos" (PERELMAN. 2000. P. 144)

Neste ponto, a "nova retórica" de PERELMAN se distancia de ARISTÓTELES, no sentido de que desconstrói a distinção, do ponto de vista material ou no que diz respeito ao conteúdo, entre dialética e retórica, bem como a dessemelhança entre verdade e opinião, pois, PERELMAN, parte do pressuposto de que

> "A nova retórica, por considerar que a argumentação pode dirigir-se a auditórios diversos, não se limitará, como a retórica clássica, ao exame das técnicas do discurso público, dirigido a uma multidão não especializada, mas se interessará igualmente pelo diálogo socrático, pela dialética, tal como foi concebida por Platão e Aristóteles, pela arte de defender uma tese uma tese e de atacar a do adversário, numa controvérsia.

Englobará, portanto, todo o campo da argumentação, complementar da demonstração, da prova pela inferência estudada pela lógica formal." (PERELMAN. 2000. P. 144)

Na verdade, o que Perelman designa como sendo a "nova retórica" é o que Aristóteles denominava como retórica e como dialética, negando a distinção, do ponto de vista material ou no que diz respeito ao conteúdo, entre dialética e retórica, bem como a dessemelhança entre verdade e opinião ou entre discurso apodítico e discurso erístico. PERELMAN sustenta, inclusive, dada esta desconstrução do pensamento aristotélico, *"a superioridade, do ponto de vista teórico, dos argumentos que seriam admitidos por todos, isto é, pelo auditório universal"* (PERELMAN. 2000. P. 144).

Portanto, para PERELMAN e, mesmo, dado o distanciamento do pensamento aristotélico, a "nova retórica" complementa um raciocínio lógico-formal, isto é, se todos os argumentos se fundamentam em raciocínios que, em Direito ou política, nunca podem ser apenas formais, quer dizer que devem, também, possuir conteúdo próprio. Este conteúdo será, então, assegurado pelas técnicas da retórica, e cuja tópica aristotélica constitui, dada a teoria da "nova retórica" de PERELMAN, um aspecto dessa mesma retórica.

Toda argumentação, se é relativa ao auditório que se busca influenciar, pressupõe, tanto para o orador que quer persuadir quanto para o auditório que quer escutar, o desejo de adaptação que, por sua vez, pressupõe uma linguagem comum e que possa ser compreendida pelos ouvintes. No entanto, esta referida adaptação, não designa somente as questões de linguagem comum, pois não basta que o auditório compreenda o orador para que haja adesão do auditório ou se dê este como persuadido á tese do orador.

Sobre esta adaptação, CHAÏM PERELMAN afirma que:

> "Para persuadir o auditório é necessário primeiro conhecê-lo, ou seja, conhecer as teses que ele admite de antemão e que poderão servir de gancho à argumentação. É importante não só conhecer quais são as teses admitidas pelos ouvintes que fornecerão à argumentação seu ponto de partida, mas também a intensidade da adesão do auditório." (PERELMAN. 2000. P. 146)

O raciocínio quando posto em forma de discurso toma-se como argumentação. O termo raciocínio é designado por PERELMAN tanto como uma atividade da mente quanto um produto dessa atividade. Segundo PERELMAN,

> "A atividade mental de quem raciocina pode ser objeto de estudos psicológicos, fisiológicos, sociais e culturais. Estes

poderão revelar as intenções, os móbeis de quem elaborou um raciocínio, as influências de toda a espécie que ele sofreu e que permitem situar o fenômeno em seu contexto. Mas o raciocínio, como produto desta atividade intelectual, pode ser estudado independentemente das condições de sua elaboração: serão examinados o modo como foi formulado, o estatuto das premissas e da conclusão, a validade do vínculo que a une, a estrutura do raciocínio, sua conformidade a certas regras ou a certos esquemas conhecidos de antemão: este exame pertence a uma disciplina que chamamos tradicionalmente de lógica." (PERELMAN. 2000. P. 01)

PERELMAN mencionando, então, a divisão aristotélica entre raciocínios analíticos e dialéticos, indaga a respeito da natureza própria da lógica e do raciocínio jurídico. No entanto, o faz sem conceber, primeiro, uma distinção entre o discurso ou raciocínio *apodíctico* ou demonstrativo e o discurso ou raciocínio analítico, por ser o primeiro uma espécie do segundo, ou seja, que se diferencia, não pela forma, mas, pelo conteúdo (verdadeiro ou falso) das premissas empregadas.[109] Daí, enquanto o raciocínio

---

[109] Esta diferenciação se faz necessária para uma análise profunda da proposta escala de credibilidade que, por sua vez, do possível ao verossímil, deste para o provável e finalmente para o *apodíctico*, busca a demonstração, o certo ou o verdadeiro. Daí, a imersão no conhecimento científico e na teoria aristotélica do silogismo. Ver p. 49.

analítico ou silogismo em geral é a exaltação da conclusão que resulta de forma necessária por já estar contida nas premissas (é o raciocínio perfeito e, por isto, não há criação de nada), o raciocínio apodítico é o conhecimento das essências, do necessário ou invariável, que sempre parte de premissas primeiras e verdadeiras e, dada a causa como princípio, fundam a ciência demonstrativa. Com efeito, se a demonstração é um determinado silogismo, nem todo silogismo é uma demonstração, pois se diferem não pela forma, mas pelo conteúdo (verdadeiro e falso).

Assim, dada a referida indagação acima, para PERELMAN, seria a lógica jurídica uma lógica formal, analítica e que, portanto, se vale das regras da dedução, ou seria a lógica jurídica uma lógica dialética, argumentativa e que, portanto, opera com controvérsias? Para tanto, em resposta, PERELMAN enfoca as escolas do século XIX, sobretudo a Escola da Exegese francesa e a Pandectística[110] ou Jurisprudência dos Conceitos alemã. Analisa, também, entre

---

[110] O Direito era reduzido à lei e, por conseguinte, o Poder Judiciário um mero aplicador dessas leis. Assim, o raciocínio jurídico, sob o postulado do silogismo formal, evitava a arbitrariedade e garantia maior segurança às relações jurídicas, ou seja, dada a subsunção do fato à norma (a lei como premissa maior e os fatos como premissa menor), ao juiz não competia criar normas jurídicas, nem mesmo em casos de lacunas na lei que, por sinal, era uma hipótese não admitida. A interpretação se restringia à uma perspectiva

outras concepções, a tópica de THEODOR VIEHWEG.

As modernas teorias do Direito, elaboradas ao longo do século XX, representam uma reação antipositivista ou uma crítica a um positivismo de caráter legalista ou dogmático. Segundo PERELMAN, esta crítica ou reação que:

> "caracteriza a filosofia do pós-guerra, pôs em evidência o fato de que não só as ciências humanas, como a história, mas também as próprias ciências naturais não podem constituir-se e progredir sem uma visão do mundo e uma metodologia que pressupõe juízos de valor implícitos, quando não explícitos, que permitem que se encontre no que é essencial, importante, pertinente, fecundo, simples, descartando o que é acidental, negligenciável, irrelevante, estéril, inutilmente complicado." (PERELMAN. 2000. P. 153)

Neste sentido, mesmo outras vertentes do positivismo, como o normativismo jurídico de Hans Kelsen, reconheceram o caráter gramatical. Na Alemanha, a Pandectística ou Jurisprudência dos Conceitos fixava, de modo definitivo, o sentido de cada termo jurídico, possibilitando a realização do silogismo jurídico nos moldes teorizado pela Escola da Exegese. Buscava-se com este método a redução das ambiguidades e o funcionamento do Direito como um sistema análogo aos sistemas matemáticos e, por conseguinte, a concretização da certeza e da segurança jurídica. (PERELMAN. 2000. P. 31/33) impreciso da lógica formal ou da mera concepção silogística formal (não argumentativa) do raciocínio jurídico. HANS KELSEN argumenta, então, que:

> "O argumento de que um sistema jurídico, dentro do qual os tribunais são ligados rigorosamente a normas jurídicas gerais materialmente determinadas e, por conseguinte, não têm permissão para decidir segundo seu critério, i.é., segundo aquilo o que eles têm por justo ou conveniente, impede uma evolução progressiva do Direito, é problemático, porquanto o conceito de 'progresso' implica um juízo de valor sumamente subjetivo, e, portanto, o que de um ponto de vista – porventura, de um socialista – é considerado como progresso, de um outro ponto de vista – porventura, de um liberal – pode ser julgado como o contrário." (KELSEN. 1986. P. 287)

Na análise da concepção tópica do raciocínio jurídico, PERELMAN a designa como não oposta *"a idéia de um sistema de Direito"*, mas, sim, à aplicação rígida e irrefletida, sob uma lógica formal ou concepção silogística, das regras de Direito, ou seja, a busca de argumentos jurídicos desenvolvidos na controvérsia e a partir de todos os pontos de vista, cujo objetivo é *"uma decisão ponderada e satisfatória"*. (PERELMAN. 2000. P. 130) Assim, a concepção tópica do raciocínio jurídico não opõe *"dogmática e prática"*, pois, se esta possibilita a elaboração de uma *"metodologia inspirada na prática"* para guiar os raciocínios jurídicos, a concepção tópica do raciocínio jurídico ou, simplesmente, tópicos, *"em vez de opor o direito à razão e à justiça, se empenharão em conciliá-los"* (PERELMAN. 2000. P. 131).

Assim, se a concepção moderna, se distanciando da dialética aristotélica e dando primazia à analítica, restringiu a lógica à sua formalidade e por não ser o raciocínio jurídico totalmente formalizável, não pode haver uma lógica jurídica no sentido rigoroso da expressão analítica ou silogismo geral ou raciocínio perfeito. A existência de regras lógicas e extra-lógicas no raciocínio jurídico designaria tanto um raciocínio apódítico quanto um raciocínio erístico, ou seja, tanto o que é invariável e necessário quanto o que é variável e contingente. A lógica jurídica seria, então, uma lógica tanto *apodíctica* quanto argumentativa, dada a proposta aristotélica da escala de credibilidade, ou seja, do possível ao verossímil, deste para o provável e, finalmente, para o apodíctico, buscando a demonstração, o certo ou o verdadeiro.

A lógica, como Aristóteles a entendia, abarcava tanto o raciocínio *apodíctico* ou demonstrativo e o raciocínio analítico, por ser o primeiro uma espécie do segundo, ou lógica formal, quanto a dialética, ou lógica argumentativa. No entanto, para PERELMAN, cuja lógica aristotélica é dividida somente em analítica e argumentativa, é justamente esta segunda que possui maior convergência e importância para o Direito. Daí a denominação de "nova retórica" e não dialética.

Se, para PERELMAN, a argumentação jurídica é alheia à lógica formal moderna, por ser esta marcada pelo formalismo ou rigor matemático, o mesmo salienta que a argumentação não foi ignorada por Aristóteles, pois, este, concebia às provas dialéticas uma especificidade que era inabarcável pelas provas analíticas, como demonstrado acima.

O limite da dialética é o estabelecimento de uma conclusão razoável, e não verdadeira em sentido formal. Nas questões ético-jurídicas, por exemplo, para PERELMAN, não são possíveis raciocínios analíticos e verdadeiras demonstrações. A ideia de acordo, rechaçada pelos positivistas é, segundo PERELMAN, fundamental na perspectiva dialética em que o mais importante é o valor de uma escolha, de uma decisão, e não a verdade de uma proposição.

A "nova retórica", então, designada como o estudo das técnicas discursivas, objetiva provocar e intensificar a adesão de um auditório específico às teses que são sempre formuladas e apresentadas em uma linguagem particular, natural ou técnica. Uma língua que, por ser um instrumento de comunicação, deve ser comum, não imutável e não modificável sem uma razão; um instrumento de comunicação indispensável e que se opõe tanto ao realismo quanto ao nominalismo filosóficos, pois, ambos buscam minimizar ou reduzir as atribuições ou as funções da linguagem no conhecimento. (PERELMAN. 2000. P. 154/155)

Segundo PERELMAN, na perspectiva do realismo e do nominalismo filosóficos, respectivamente:

> "a linguagem é apenas um véu, apenas um obstáculo, que se deve remover para entrar diretamente em contato com a realidade, com o mundo das idéias, apreensível graças a uma experiência imediata, a uma intuição racional." (...) "Os nominalistas, pelo contrário, consideram os signos e os axiomas convenções puramente arbitrárias, hipóteses que não cabe justificar, o que elimina qualquer desacordo a respeito deles. Se daí resulta uma pluralidade de línguas possíveis, não há por que escolher entre elas, e portanto fornecer razões para preferir um uso lingüístico a outro." (PERELMAN. 2000. P. 155)

O papel da lógica jurídica, segundo PERELMAN, é provar que as premissas de uma escolha são aceitáveis ou não, e isso se dá através da dialética e do acordo, onde a linguagem ou a língua é um instrumento de comunicação e ação, adaptável a fins variados e não apenas a fins científicos. Do contrário, a lógica formal ou silogismo geral, em face das premissas já discutidas e escolhidas, onde a língua se caracteriza pela univocidade, pela ausência de imprecisão e de ambiguidade, apenas verifica se a conclusão está correta.

3.4 Aristóteles, Theodor Viehweg e Chaïm Perelman e o princípio da sucessão dos discursos apodíctico, dialético, retórico e poético, na perspectiva da unidade do diverso.

Da inteligibilidade das teorias de THEODOR VIEHWEG e CHAÏM PERELMAN, destacam-se duas diretrizes que convergem como perspectiva crítica e como perspectiva construtiva, ambas com fundamento na linguística. Na perspectiva crítica, tanto a tópica de Viehweg quanto a "nova retórica" perelmaniana tomam como pressuposto a crítica ao logicismo jurídico, à lógica formal aplicada ao raciocínio jurídico ou, simplesmente, à teoria do silogismo jurídico. Na perspectiva construtiva com fundamento na linguística, ambas as teorias de argumentação dialético-retórica propõem a compreensão do raciocínio jurídico e, a princípio, a inteligibilidade da natureza desse conhecimento entre ciência e prudência, tomando a linguística como instrumento de comunicação e ação.

A convergência de ambas as diretrizes propostas, na perspectiva crítica e na perspectiva construtiva com fundamento na linguística, podem ser reduzidas às investigações crítico-linguísticas e neo-retóricas se considerarmos a retomada de

ARISTÓTELES[111] e o princípio da sucessão dos discursos apodíctico, dialético, retórico e poético, na perspectiva da unidade do diverso, ou seja, esta como pressuposto para a irredutibilidade do particular para o geral, que só é inteligida a partir da metáfora da linha como base fundamental para a unidade do certo(apodíctico), do provável (dialético), do verossímil (retórico) e do possível (poético) como discurso, guardadas as diferenças enquanto modalidades deste mesmo discurso.

Esta retomada de ARISTÓTELES impõe aquilo que tanto a teoria de THEODOR VIEHWEG quanto a teoria de CHAÏM PERELMAN não conceberam, ou seja, uma distinção entre o discurso ou raciocínio *apodíctico* ou demonstrativo e o discurso ou raciocínio analítico, por ser o primeiro uma espécie do segundo, ou seja, que se diferencia, não pela forma, mas, pelo conteúdo (verdadeiro ou falso) das premissas empregadas.[112]

Na teoria de THEODOR VIEHWEG, a prática do Direito consiste na inovação e

---

[111] Ver nota 25 na p. 45.

[112] Esta distinção é necessária para uma análise profunda do proposto princípio da sucessão dos discursos apodíctico, dialético, retórico e poético, na perspectiva da unidade do diverso, ou seja, da escala de credibilidade que, por sua vez, do possível ao verossímil, deste para o provável e finalmente para o *apodíctico*, busca a demonstração, o certo ou o verdadeiro. Daí, a imersão no conhecimento científico e na teoria aristotélica do silogismo.

discussão de tópicos ou argumentos solidificados em fórmulas que gozam de aceitação entre os juristas, pois, a interpretação, a aplicação e o uso da linguagem natural são três modos de irrupção da tópica em um sistema jurídico lógico-dedutivo, o que propicia a referida inovação e discussão em uma perspectiva dialético-retórica e, por conseguinte, a compreensão da argumentação a partir da situação discursiva, ou seja, de um modo de falar situacional e outro não situacional. Neste sentido, a interpretação, a aplicação, o uso da linguagem natural e a flexibilização na busca de novos pontos de vista denotam a maneira tópica.

Na teoria de CHAÏM PERELMAN, a prática do Direito ou prática jurídica é sempre dialética, ou seja, sob a nominação de "nova retórica" a prática do Direito é, então, designada como o estudo das técnicas discursivas que tem por objetivo a provocação e a intensificação da adesão de um auditório específico às teses que são sempre formuladas e apresentadas em uma linguagem particular, natural ou técnica.

Trata-se, portanto, de teorias muito semelhantes e, até mesmo, complementares, as teorias de THEODOR VIEHWEG e CHAÏM PERELMAN, principalmente no que tange ao resgate da perspectiva dialético-retórica. Nesta perspectiva, o recurso aos tópicos, a partir da tópica de THEODOR VIEHWEG, só tem sentido na medida em que esses, assim denominados, lugares-comuns se referem a específicos auditórios. Do mesmo modo e as avessas, estes determinados auditórios, na perspectiva da "nova retórica" de CHAÏM PERELMAN, só têm sentido na medida em que o estudo dos argumentos e técnicas discursivas, como uma possibilidade contida no conceito de topói, tem por objetivo a provocação e a intensificação da adesão deste auditório às teses que são sempre formuladas e apresentadas em uma linguagem particular, natural ou técnica.

THEODOR VIEHWEG e CHAÏM PERELMAN, com suas teorias e investigações crítico-linguísticas, resgatando a questão dos argumentos ou tópicos jurídicos, propiciam a reestruturação de toda a teoria do método jurídico até, então, vinculada ao logicismo jurídico, ou seja, à lógica formal aplicada ao raciocínio jurídico ou, simplesmente, à teoria do silogismo jurídico.

Assim, reconhecendo a importância desse aparato investigativo crítico-linguístico, é que se objetiva mostrar a partir da reflexão das fórmulas conceituais da nova semiótica, dada a teoria que se irá apresentar de CHARLES SANDERS PEIRCE e CHARLES MORRIS, a uberdade da lógica abdutiva como integrante do princípio da sucessão dos discursos apodíctico, dialético, retórico e poético, na perspectiva da unidade do discurso, e como fundamentação de uma teoria retórica da argumentação em THEODOR VIEHWEG; a fundamentação do Direito em THEODOR VIEHWEG.

4 A LÓGICA ABDUTIVA E A TÓPICA NA FUNDAMENTAÇÃO DO DIREITO EM THEODOR VIEHWEG. O PRINCÍPIO DA SUCESSÃO DOS DISCURSOS APODÍCTICO, DIALÉTICO, RETÓRICO E POÉTICO, NA PERSPECTIVA DA UNIDADE DO DIVERSO.

4.1 Dogmática e zetética em Theodor Viehweg.

Para THEODOR VIEHWEG, que defende um enfoque completo do direito, incluindo não só a dogmática, mas, também, a princípio e em oposição, a investigação básica do direito ou zetética ou filosofia do direito, guardadas as diferenças estruturais, a jurisprudência ou ciência do direito não se esgota na tópica. E, segundo ERNESTO GARZÓN VALDÉS, é justamente esta concepção de investigação básica do direito que *"puede guiar al jurista práctico em su comportamiento frente a la dogmática e ayudarle a decidir hasta qué punto está dispuesto a servila."* (VIEHWEG. 1991. P. 10)

A inteligibilidade dos distintos âmbitos da investigação e da dogmática possibilita uma melhor compreensão da distinção entre dogmática e zetética. Tais âmbitos se referem a esquemas de perguntas e respostas, e a distinção entre a estrutura do pensamento dogmático e a estrutura do pensamento zetético está em um maior ou menor enfoque ou importância dado a estas perguntas ou respostas. O âmbito da investigação ou das perguntas e, também, zetético conservam sempre o caráter hipotético, problemático e questionável dos topói ou lugares-comuns. Já o âmbito da dogmática ou das respostas conservam o caráter absoluto dos topói ou respostas inatacáveis, pelo menos por um certo tempo.

O pensamento dogmático é correspondente à opinião e à formação de opinião e, portanto, dado o caráter absoluto dos topói como respostas inatacáveis, à um pensamento normativo e diretivo, enquanto que o pensamento zetético é correspondente á dissolução da opinião e, portanto, dado o caráter hipotético, problemático e questionável dos topói, à um pensamento descritivo. Assim, tanto a estrutura do pensamento dogmático quanto a estrutura do pensamento zetético designam, segundo THEODOR VIEHWEG, sistemas com função dogmática e sistemas com função zetética. (VIEHWEG. 1991. P. 77)

Para THEODOR VIEHWEG, os sistemas com função dogmática,

> "se quieren guiar acciones y esquemas de acciones com uma fundamentación (o justificación) racional, manifestadamente

A estrutura do pensamento dogmático ou sistema dogmático, na fundamentação sistemática e racional dos dogmas, buscando a convergência da estabilidade e flexibilidade não denota uma hermenêutica zetética, mas, sim, uma menos livre hermenêutica dogmática que busca manter a referida convergência, de estabilidade e flexibilidade dos conceitos já fixados, através da interpretação.

Embora distintos, entre a estrutura do pensamento dogmático ou sistema dogmático e a estrutura do pensamento zetético ou sistema zetético há uma relação funcional recíproca para a legitimação da opinião, ou seja, segundo THEODOR VIEHWEG, una manera especial. En la medida en que la legitimación es proporcionada por una creencia, la situación es relativamente sencilla." (...) "Cuando falta este fundamento de fe, surgen necesariamente dificultades ya que ahora la fundamentación requerida depende de la ayuda de la investigación." (...) "Un ejemplo modélico, que suele ser citado al respecto, es el de la ciência jurídico-penal. Nótese cuán poco es lo que la investigación criminológica considera como cognoscible en su campo, y cuánto tiene que agregar el derecho penal dogmático en presupuestos de convicción para poder seguir funcionando." (VIEHWEG. 1991. P. 79)

A relação funcional recíproca para a legitimação da opinião, entre a estrutura do pensamento dogmático ou sistema dogmático e a estrutura do pensamento zetético ou sistema zetético, se caracteriza pela hermenêutica dogmática que, buscando a convergência da estabilidade e flexibilidade dos topói, é o elemento de conexão que impede a total separação entre as estruturas de pensamento acima citadas. Daí, o princípio de uma fundamentação para se poder afirmar que a jurisprudência ou ciência do direito, em THEODOR VIEHWEG, não se esgota na tópica.

Esta hermenêutica dogmática ou interpretação é designada como um ponto de irrupção da tópica que, em THEODOR VIEHWEG, como um "sistema dialético moderno", possibilita a unidade entre o que é diverso, entre a dogmática e a zetètica. O referido "sistema dialético moderno" procede da retórica e a ela permanece vinculado, designando a tópica que está em permanente movimento, ou seja, da estrutura do pensamento zetético ou sistema zetético com função cognoscitiva ou tentativa e efeito descritivo para a estrutura do pensamento dogmático ou sistema dogmático e, por sua vez, para a estrutura do pensamento zetético ou sistema zetético e, reiteradamente, nesta sequência, para a estrutura do pensamento dogmático ou sistema dogmático com função operativa e efeito diretivo. (VIEHWEG. 1991. P. 84/85)

O pensamento dogmático ou, propriamente, a dogmática, dada a hermenêutica dogmática como elemento de conexão com a zetética, pode agregar um sentido de ideologia e, portanto, primariamente, dotada de função social. Neste sentido, a dogmática converge com o positivismo como um projeto próprio e característico da modernidade que, dado o processo de descentramento, é, também, enquanto emancipação do indivíduo, variável, contingente ou plural. E se o positivismo, enquanto emancipação, é decorrente da positivação ou fenômeno da positivação que, por sua vez, designa não só a criação ou a invenção humana, como, também, o poético, a dogmática é decorrente da zetética, dada a referida unidade do diverso.

Segundo THEODOR VIEHWEG, sobre a dogmática e a zetética como unidade do diverso, afirma que:

> "el esquema conceptual y lingüístico que aquí interessa adquiere, por el mero echo de su fijación, una función social múltiple. Transmite a los demás una convicción, influye sobre los demás y, finalmente, como aquí, se convierte em prescripción de conducta, pues este tipo del pensar y del hablar trata siempre de que lo pensado y lo expresado lleguen a tener uma función operativa." (...) "Por el contrario, el pensamiento cetético tiene, primariamente, una función cognoscitiva. Ella estructura ye determina este pensamiento. No permite que ideas fundamentales presupuestas queden dogmáticamente fuera de cuestión, sino que, más bien, para poder avanzar em la investigación, a veces tiene que ponerlas en tela de juicio. El pensamiento investigante es tentativo." (VIEHWEG. 1991. P. 102)

THEODOR VIEHWEG chama a atenção para a teoria do pensamento dogmático que, no campo de Direito, tem o objetivo de provocar um comportamento jurídico, eliminando destes quaisquer perturbações, ou seja, tem por objetivo a manutenção e a ordem de um determinado esquema de comportamento social, não podendo nunca renunciar a este ou outros dogmas fundamentais. Assim, o então pensamento jurídico-dogmático, dado o agregado sentido ideológico[113], tem primariamente uma função social e, dada a função operativa, não é uma teoria com uma função primariamente cognoscitiva, embora contenha elementos cognoscitivos. Segundo THEODOR VIEHWEG,

> "en un caso concreto se trata simplemente de una ideología y no de una teoría científica describiendo y censurando operaciones mentales que, en todo caso, pertenecen a toda teoría con función social." (VIEHWEG. 1991. P. 104-105)

Neste sentido, o que pressupõe uma dogmática jurídica é uma ideologia jurídica, ou seja, uma teoria com função social no campo do Direito que tem que satisfazer as exigências posta por esta dogmática e não aquelas postas à uma teoria zepética. E a afirmação de que *"en na actualidad, ha despertado um renovado interés como peculiar pensamiento 'prudencial' o 'no cognoscitivo'"* (VIEHWEG. 1991. P. 103/104), designa, tão somente, a primariedade da função social da dogmática jurídica em detrimento da primariedade cognoscitiva da zetética.

---

[113] No sentido de uma generalização inadequada de enunciados parcialmente com sentido em um sistema holístico, que, por sua vez, evidencia que a parte está no todo, assim como o todo está na parte, numa inter-relação constante, dinâmica e paradoxal.

Segundo HANS ALBERT, sobre o pensamento jurídico dogmático, afirma que:

> "En el último tiempo, las formas más simples del reduccionismo han pasado, em general, a segundo plano, en beneficio de teorías que, por cierto, la mayoría de lãs veces, niegan el carácter cognitivo de los enunciados morales pero, sin embargo, concedem más importância al elemento racional en su interpretación que las teorías emotivistas." (APUD VIEHWEG. 1991. P. 104)

A dogmática jurídica não pode ser medida nem complementada, somente segundo os critérios concretos de uma teoria científica ou cognoscitiva. E ir além do cognoscível e buscar a referida medida e complemento com uma convicção ou simplesmente o saber com fé, cujo objetivo é criar teorias com função social no campo do Direito, designa a convergência da estabilidade e flexibilidade dos conceitos já fixados através da interpretação ou hermenêutica dogmática. Neste sentido, se pode reiterar a existência da relação funcional e recíproca da dogmática e zetética para a legitimação da opinião.

Um mundo social tecnificado tende a neutralizar as funções sociais, a ideologia jurídica e, portanto, a dogmática jurídica. Essa neutralização é o que corresponde ao positivismo jurídico que, por sua metodologia ou rigorismo jurídico, realiza um reducionismo do próprio fenômeno positivista, pois, segundo THEODOR VIEHWEG,

> "Un mecanismo funciona cuando ya no es necesário seguir reflexionando sobre lãs ideas que están en su punto de partida y una dogmática jurídica que esté interesada en la abstración participa evidentemente de estos esfuerzos. Esta dogmática jurídica aspira a proporcionar una técnica social lo más independiente posible. En este sentido, el jurista tiene una actitud instrumental similar a la de un ingeniero. Por ejemplo, desarrolla un derecho de obligaciones que, por cierto, presupone el reconecimiento de ciertas necesidades (que surgem frecuentemente) y de ciertos problemas (vinculados con aquéllas), pero que puede ser, en todo lo demás, liberado de sus orígenes sociológicos e filosóficos." (VIEHWEG. 1991. P. 112)

Assim, o que caracteriza esta perspectiva mecanicista da dogmática jurídica, o caráter instrumental independente de muitas instituições jurídicas e, por conseguinte, o positivismo jurídico, é a desvinculação ideológica, ou seja, a desvinculação da função social como sentido ideológico da dogmática jurídica, sem que isto represente uma desideologização, mas, sim, uma redução à um mínimo ideológico. (VIEHWEG. 1991. P. 114)

E retomando a estrutura de perguntas e resposta, pela qual são postas questões, pontos de vista como respostas e um método de exame de acordo com o qual as respostas oferecidas podem ser aceitas ou rechaçadas, se tem a caracterização do campo do conhecimento e da ciência.

Se há uma maior ênfase nas perguntas, os pontos de vista adotados como respostas serão sempre questionados, pois, são vulneráveis, preliminares e incertos, devendo facilitar a discussão, o desafio e a refutação, dada a natureza própria do termo pergunta ou investigação, ou seja, se constrói um campo de investigação em que as opiniões são postas em dúvidas várias vezes, designando esta empresa como zetética. No entanto, se há uma maior ênfase nas respostas, os pontos de vista adotados como respostas não são questionados, restando, tão somente, a demonstração de compatibilidade e convergência destes com as respostas básicas ou opiniões. À esta empresa se designa dogmática.

Assim, a unidade do diverso entre dogmática e zetética acerca do Direito caracteriza o raciocínio jurídico com uma função dogmática e uma função zetética. E se a dogmática jurídica pressupõe uma doutrina básica com função social, a jurisprudência ou ciência do direito, a partir da zetética, representa a múltipla manifestação dogmática desta doutrina e, por conseguinte, a continuada formação da vontade, ou seja, a partir da zetética e sob a expectativa e conjecturas de um futuro, se tem uma poiésis da realidade social que representa, dado o grau de credibilidade na tomada do princípio da sucessão dos discursos apodítico, dialético, retórico e poético, uma possibilidade na composição da referida dogmática jurídica.

A dogmática e a zetética em conjunto constituem, dada a unidade do diverso, a ciência do Direito, mas, a diferença entre ambas se caracteriza como do tipo estrutural e funcional. Segundo THEODOR VIEHWEG, sobre estas diferenças:

> "el pensamiento dogmático tiene como función primaria guiar acciones y decisiones a través de la formación de opinión (dokein). Por el contrario, la función primaria del pensamiento investigador o pensamiento cetético es obtener simplesmente intelecciones en contextos concretos, a través de la investigación inquiriente (zetein). Por consiguiente, la estructura del pensamiento dogmático está caracterizada porque coloca fuera de discusión una serie de aseveraciones (dogmas); en cambio, la estrutuctura del pensamiento está caracterizada porque todas lãs aseveraciones son puestas en duda, es decir, siguem siendo zetemata. Es claro que el pensamiento cotidiano contiene siempre dogmatizaciones porque justamente no puede limitarse a una función cognoscitiva e informativa como el pensamiento científico sino que casi siempre es, al mismo tiempo, operativo." (VIEHWEG. 1991. P. 146)

Considerando, ainda, a unidade na ciência do direito e a diferença quanto a estrutura e função das formas de pensamento dogmático e zetético, podemos observar que, em uma perspectiva diferenciada da unidade do diverso, na praxis, ambas as formas de pensamento estão entrelaçadas, ao passo que, na teoria, ambas as formas permanecem separadas. E, para além dessas diferenciações, devemos considerar, também, que a primeira forma de pensamento pode ser facilmente transformada na segunda forma de pensamento, e esta na primeira, ou seja, basta questionar uma proposição que até o momento era inquestionável ou declarar inquestionável uma proposição que até o momento era questionável; trata-se da desdogmatização e da dogmatização, respecitvamente.

Assim, para podermos situar a tópica de THEODOR VIEHWEG a partir, não só da diferença entre as formas de pensamento dogmático e zetético, consideradas as perspectivas diferenciadas da unidade do diverso como forma de aprofundarmos na questão posta, como, também, do positivismo, do positivismo jurídico e do pós-positivismo, é que podemos considerar: a tópica, na perspectiva prática, está para a dogmática, assim como a ciência (analítica), na perspectiva teórica, está para a zetética; ou, a tópica, na perspectiva teórica, está para a zetética, assim como a ciência (analítica), na perspectiva prática, está para a dogmática. O que nos leva para o desenvolvimento da tópica como dialógica e pragmática linguística.

Para Theodor Viehweg, a relação tópica e jurisprudência não é a cognoscência da tópica como definidora da jurisprudência que, na perspectiva filosófica, trata de criticar ou questionar a dogmática, mas, sim, de uma jurisprudência que, dada a distinção entre dogmática e zetética, pautada pela relação entre ciência e prudência, abarca tanto a perspectiva de uma lógica operativa (techné) quanto a perspectiva de uma lógica científica (episteme). Daí, partindo da premissa de que o raciocínio zetético açambarca a jurisprudência ou raciocínio jurisprudencial, podermos afirmar que a jurisprudência se esgota na tópica de Viehweg.

4.2 Dialógica como uma teoria retórica da argumentação. Tópica formal e Tópica material.

Para inteligirmos a dialógica em THEODOR VIEHWEG é necessário que tomemos como ponto de partida os dois modelos de argumentação jurídica, básicos, originários do século XIX, e decorrente de um crescente pluralismo axiológico. Um designa uma argumentação jurídica ampla, dialética e moderna, o outro modelo designa uma interpretação restrita que enfatize a dedução. A argumentação dialética penetra o contexto situacional ou da realidade empírica sem poder abandona-lo. Esta penetração já não é possível se considerarmos o todo de fora e intentarmos reconstruí-lo estabelecendo, por exemplo, princípios e inferindo consequências a partir deles; uma característica do modo de argumentação restritivo e dedutivo. (VIEHWEG. 1991. P. 158)

Intentar penetrar o todo, em que sempre nos encontramos, a partir de uma técnica de pensamento ou argumentação dialética que, superando um possível isolamento e avançando de teses à antíteses, é um processo de incessante enriquecimento, pois, um sistema pode ser útil em casos particulares e em uma dimensão reduzida, mas, é insuficiente e errônea em uma dimensão universal, ou seja, segundo THEODOR VIEHWEG

> "el intento de reunir las deducciones jurídicas particulares, por ejemplo, more geométrico, en una deducción universal del derecho, no puede proporcionar níngun sistema jurídico apto. Más bien, hay que intentar penetrar paso a paso, desde adentro, el todo en el que siempre estamos encerrados." (VIEHWEG. 1991. P. 159)

A delimitação conceitual em oposição a limitação conceitual foi a argumentação revolucionária que marcou a modernidade, ainda no século XIX, para dissolver sistemas de pensamentos fixos e lhes dar dinamismo.

Nesse sentido, o positivismo jurídico ou legal é correspondente ao modelo de argumentação restritivo ou dedutivo que se desenvolve pela matematização e pela tecnificação.[114]

O que podemos inferir, de ambos os modelos de argumentação e dado o contexto do pensamento dogmático jurídico, é a exaltação de argumentações secundárias em detrimento de uma, já pressuposta, argumentação primária. Uma argumentação primária que, previamente estipulada, dá a base fundamental para a invenção e a fixação, respectivamente aos modelos de argumentação apresentados, é correspondente à retórica.

Para esta argumentação primária, THEODOR VIEHWEG esboça, então, um correspondente modelo retórico de argumentação (uma teoria retórica da argumentação) e concebe *"cada argumentación estrictamente como discurso fundante y el discurso como una actividad comunicativa que contiene deberes comunicativos."* (VIEHWEG. 1991. P. 160). Então, no sentido esboçado por VIEHWEG, a retórica passa a ser adequada para estabelecer uma vinculação razoável entre lógica e ética que, dado o devir histórico concebido a partir da associação e dissociação[115] da dogmática e da zetética, reduz algumas dificuldades básicas pertinentes aos modelos de

---

[114] Sobre esta temática voltar ao item 3.1 e 4.1.
[115] Correspondente à unidade do diverso.

argumentação jurídica, ou seja: a problemática da linguagem, a questão da lógica operativa e as novas questões de fundamentação.

Uma teoria retórica da argumentação, que se volta para a exaltação da argumentação primária, apresenta, previamente, explicações sobre o uso da linguagem e do diálogo. Neste sentido, se pode constatar que as investigações crítico-linguísticas atuais podem ser realizadas e entendidas, a partir de uma perspectiva retórica, de um modo mais acessível[116] e frequente do que na perspectiva de uma filosofia tradicional e, portanto, predominantemente anti-retórica.

A lógica, inteligida e concebida como ars ou invenção (techné), atende ao aspecto retórico.[117] E, neste sentido, para THEODOR VIEHWEG, a lógica *"como teoría operativa de las acciones discursivas coherentes y no como una teoría de objetos de tipo especial"* (VIEHWEG. 1991. P. 165) passa a ser determinante de uma dialética retórica ou simplesmente dialógica. Em oposição, há a concepção de que a lógica deveria ser entendida como episteme, em sentido ontológico e, portanto, determinante da filosofia tradicional e anti-retórica.

Assim, a lógica operativa é a recuperação e o avanço da concepção da

---

[116] No sentido de não se exigir especializações.
[117] Na prática, a atividade escolástica medieval ou *disputationes escolásticas* usavam a lógica como ars (techné).

lógica como *ars inveniendi* ou como *techné* retórica, e *"no se trata de una nueva lógica sino, simplemente, de nuevas formas, no convencionales, de la lógica."* (VIEHWEG. 1991. P. 166). E esta lógica operativa busca tornar compreensíveis as relações lógicas como operações lógicas e como diretrizes para operações lógicas, evitando a invenção de conceitos ou institutos duvidosos.

A lógica operativa ou dialética retórica é incorporada, então e segundo THEODOR VIEHWEG, à lógica formal desde o início da reflexão, pois, não se nega a sempre subjacente comunicação ou diálogo que, por sua vez, só se sobressai a partir de uma lógica operativa. Mais precisamente, é como a lógica sendo devolvida ao contexto retórico no qual é originada e, neste sentido, podemos inteligir uma convergência com a filosofia aristotélica e, consequentemente, a correspondência com o princípio da sucessão dos discursos apodítico, dialético, retórico e poético, dada a unidade do diverso.

Neste sentido, a dialógica ou lógica operativa ou dialética retórica, até então apresentada, se traduz como uma concepção retórica que, partindo do pressuposto de que todo discurso fundante é determinado por ações linguísticas, por si só, é imprescindível para uma fundamentação completa do discurso ou argumentação que se desenvolve ou que se constrói em direção à uma lógica apodítica. Trata-se, portanto, da ênfase à argumentação primária como base fundamental para a invenção e a fixação, e, por conseguinte, a construção de uma fundamentação completa à argumentação secundária dos modelos inicialmente tomados como ponto de partida.

A perspectiva retórica reduz a atividade intelectual à um contexto prático, no qual se vinculam as condições lógicas e éticas desta atividade, e, assim, se busca uma fundamentação que inclua a determinação dos axiomas no encontro com a retórica.

Então, esclarecer estas vinculações lógicas e éticas no processo de produção ou construção ou invenção que se dá na situação discursiva de busca de um entendimento comum, segundo THEODOR VIEHWEG, impõe *"reflexiones lógicas, crítico-linguística y ética"* (VIEHWEG. 1991. P. 181).

Como reflexão lógica, a dialógica como lógica operativa com inclinação para o pensamento situacional, retórico e pragmático, - ou seja, da ênfase à argumentação primária como base fundamental para a invenção e fixação, e, por conseguinte, a construção de uma fundamentação completa à argumentação secundária, - formula a correção e a conclusão das inferências dentro da situação discursiva e dela não se separa. A dialógica na perspectiva da correção e da conclusão das inferências não substitui a invenção comunicativa, mas, é o modelo lógico que melhor responde a situação retórica e pragmática do discurso.

Segundo THEODOR VIEHWEG, sobre a dialógica, afirma que:

"Sobre todo, no se permite que se olvide que en el discurso y en la discusión se manifiestan acciones lingüísticas. En tanto ataque y defensa, están sometidas a un estricto procedimento de argumentación en el que dos partes – en el estilo retórico – se presentan como proponente y replicante, defensor y opositor. Quien logra responder a su favor todas las movidas concebibles del contricante es quien há ganado el diálogo o, como tambien se dice, pose ela estratégia del triunfo." (VIEHWEG. 1991. P. 181)

A reflexão crítico-linguística recorre à situação discursiva retórica e pragmática, afirmando que esta só poderá ser suficientemente compreendida caso, à situação discursiva, se conceba *"sus expresiones como directrices recíprocas para el descobrimiento (invención) y el uso del linguaje"* (VIEHWEG. 1991. P. 182)

A reflexão ética impõe o reconhecimento de um procedimento dialógico como deveres comunicativos, pois, o processo de produção ou construção ou invenção que se dá na situação discursiva e que "se desarolla côn la forma del diálogo a partir de la situación pragmática de partida, no es realizable sin tales obrigaciones" (VIEHWEG. 1991. P. 183), ou seja, trata-se de um dever fundamental e quem argumenta tem de poder justificar sua argumentação, pois, só assim se garantirá afirmações confiáveis e sobre as quais pesarão um interesse geral.

4.3 A reflexão semiótica como a relação de reciprocidade e convergência entre retórica e pragmática linguística. A uberdade da abdução em Charles S. Peirce.

A problemática que se apresenta à concepção de uma fundamentação completa e determinada por ações linguísticas, nos leva à uma reflexão semiótica que responde, em muitos aspectos, a práxis do pensamento ou da argumentação primária, ou seja, distinguindo entre uma forma de pensamento ou uma argumentação situacional, dialética e moderna e outro pensamento ou argumentação não situacional, restrita e dedutiva, com o objetivo de tornar compreensível a argumentação, como um todo, desde a situação do discurso, THEODOR VIEHWEG, busca tornar inteligível as fórmulas conceituais modernas da referida semiótica e seus aspectos sintático, semântico e pragmático.

Segundo THEODOR VIEHWEG, sobre estes aspectos da semiótica moderna, afirma que:

> "La sintaxis significa, pues, la conexión de los signos entre si; la semántica, la conexión entre signos y objetos cuya designación se afirma, y la pragmática, el contexto situacional en el que los signos son utilizados por los respectivos

participantes. Se puede contatar que, en la práxis de pensamiento hoy habitual, el aspecto sintático-semántico goza de preferencia. Se entiende la sintaxis con la ayuda de la semántica, mientras que la pragmática funciona sólo como ayuda de emergencia, para corregir algunas imprecisiones que puedan haber quedado." (VIEHWEG. 1991. P. 177)

O modelo de pensamento que toma tanto a sintaxes como esta entendida com a ajuda da semântica, como isoladas em um âmbito independente, recorrendo à pragmática só como ajuda e se obrigado, supõe, nesta exata sequência, somente que a rigidez do pensamento diminui. Então, se a pragmática é o campo da menor rigidez de pensamento e, portanto, retórico, a argumentação jurídica também o é, por pertencer à este campo da menor rigidez.

No entanto, os pensamentos situacional, dialético e moderno, bem como o não situacional, restritivo e dedutivo, só são assim caracterizados por indicarem o ponto de partida a partir da sequência relativa aos aspectos da semiótica moderna, ou seja, se o ponto de partida for a pragmática teremos o pensamento situacional, mas, se o ponto de partida for a sintaxe teremos o pensamento não situacional. Daí, podemos afirmar que a argumentação retórica coincide com o pensamento situacional, dialético e moderno, e, portanto, com a pragmática, pois esta é o ponto de partida. A argumentação retórica é a inversão da sequência sintaxe, semântica e pragmática, acima apresentada.

Começar com a pragmática significa não perder de vista a conexão da argumentação em uma situação comunicativa, ou seja, o diálogo ou as ações linguísticas. E, assim, se tem a concepção de uma fundamentação completa que, determinada pela mencionada ação linguística, se difere do procedimento convencional ou do pensamento não situacional, restritivo e dedutivo, que busca sua fundamentação em uma teoria axiomática, como um sistema de fundamentação dedutivo.

THEODOR VIEHWEG, sobre as peculiaridades dos aspectos da semiótica moderna, afirma que:

> "es obvio que la retórica ha tenido siempre primordialmente en mira la mencionada pragmática y también es fácil de comprender que el nuevo interés en la retórica há vuelto a concentrarse en esta perspectiva. La consecuencia de ello es que la serie convencional de reflexiones indicada más arriba es ahora invertida; éste es un cambio de fundamental importancia. Pues ahora se vuelve a intentar, con nuevos medios, reflexionar sobre la situación pragmática, de la que procede el discurso, como situación inicial, a fin de volver comprensible desde ella todos los demás resultados del pensamiento. Se remiten, pues, todos los produtos del pensamiento a su origen situacional para, desde allí, aclararlos nuevamente. Si a una tal forma

de pensar – que se mueve dentro de la situación pragmática del discurso – se la llama situacional y a la que no toma en cuenta la situación del discurso, no situacional" (VIEHWEG. 1991. P. 177)

A perspectiva retórica ou pragmática deixa posta de uma forma clara toda a problemática do método axiomático-dedutivo, pelo qual não é possível assegurar a validade de seus axiomas. A perspectiva retórica apresenta a penetração lógica de uma atividade discursiva ou dialógica como uma relação de implicação recíproca entre a lógica operativa e a lógica formal ou apodítica, e conduz, portanto, à reflexões que se referem à filosofia prática. Se assim se regressa à atividade da fundamentação, a tópica, como uma forma de pensar ou de argumentar por problemas, revelar, então, a atividade que precede ao sistema de fundamentação axiomático-dedutivo.

Pode-se, ainda, afirmar que, a dialógica, designando uma fundamentação completa, caracteriza o que THEODOR VIEHWEG determina como tópica formal ou *ars inveniendi*, cuja função é tanto de descobrimento quanto de fundamento; a tópica material, que apresenta um somatório de diferentes topói, está vinculada ao social, ou seja, assim como a dogmática está para a zetética ou esta para a dogmática, a tópica material está para a tópica formal e esta para a tópica material.

Postular a perspectiva retórica ou pragmática como base fundamental da semântica e da sintaxe e, ainda, como ponto de partida para posteriores investigações, impõe a transposição de algumas dificuldades, como o fato de que as investigações linguísticas, frequentemente, tomam como ponto de partida um pensamento não situacional, restritivo, dedutivo e, portanto, formalista, deixando o referido postulado de base fundamental da semântica e da sintaxe em uma "posición de un agregado introducido posteriormente" (VIEHWEG. 1991. P. 186).

Em conexão com a investigação da comunicação e da semiótica moderna, a perspectiva retórica ou pragmática pode aspirar renovados interesses e pontos de vista ou partida. E, assim, para melhor inteligirmos outra conexão, agora, entre argumentação primária e argumentação secundária ou entre lógica operativa e lógica apodítica ou, ainda, entre pragmática e o conjunto semântica e sintaxe, ou seja, a conexão entre a invenção comunicativa e os aspectos reflexivos que definem a dialógica.

Até, então, THEODOR VIEHWEG, para a inteligibilidade de uma fundamentação completa e determinada por ações linguísticas, dada a dicotomia entre os referidos elementos cuja conexão buscamos inteligir, nos leva à uma reflexão semiótica moderna que responde, em muitos aspectos, a práxis do pensamento ou da argumentação primária, mas, distinguindo os aspectos conceituais dessa referida semiótica em sintaxe, semântica e pragmática, o faz, tão somente, na perspectiva de CHARLES MORRIS que, em 1938, substituiu as designações de CHARLES SANDERS PEIRCE, feitas à semiótica, pela designações elencadas por THEODOR VIEHWEG, ou seja, a sintaxe, a semântica e a pragmática, que hoje constituem os três grandes domínios da Semiótica Moderna. (NÖTH. 1998. P. 57)

No entanto, é com o recurso às reflexões de CHARLES SANDERS PEIRCE que, mais claramente, poderemos inteligir a conexão entre a invenção comunicativa e os aspectos reflexivos que definem a dialógica, isto é, com o recurso, mais propriamente, à lógica abdutiva.

A semiótica[118], para CHARLES SANDERS PEIRCE, idêntica à lógica, ou seja, "Em seu sentido geral, a lógica é, como acredito ter demonstrado, apenas um outro nome para semiótica, a quase-necessária, ou formal, doutrina dos signos", no sentido de

---

[118] A semiótica moderna ou ciência dos signos tem sua origem em duas diferentes vertentes que, sintetizada, são a Semiologia, correspondente à tradição européia e iniciada por SAUSSURE e a Semiótica, correspondente à tradição anglo-saxónica e iniciada por CHARLES SANDERS PEIRCE. As duas palavras traduzem duas maneiras diferentes de entender a ciência dos signos, ou seja, como parte da psicologia social e geral para SAUSSURE e como lógica para CHARLES SANDERS PEIRCE. (PEIRCE. 1977. P. 45/46 e NÖTH. 1998. P. 23/24)

que procede por observações abstratas, partindo dos signos particulares ou do que são os signos, para as afirmações gerais ou o que os signos devem ser. (PEIRCE. 1977. P. 45) E, para melhor inteligirmos a questão, devemos considerar a concepção de signo que, para CHARLES SANDERS PEIRCE, é *"algo que está no lugar de [representa] outra coisa para alguém"* (PINTO. 1995. P. 50) ou algo que está para alguém por algo sob algum aspecto ou capacidade trata-se de uma definição que traduz de modo mais articulado o clássico *aliquid stat pro aliquo*, ou seja, uma coisa que está por outra, como um conceito tradicional de signo cunhado por Santo Agostinho. (NÖTH. 1998. P. 65/66 e ABBAGNANO. 2003. P. 894)

O signo, para CHARLES SANDERS PEIRCE, designa, em um sentido lato, o próprio signo, o objeto e o interpretante, ou seja, o signo, a coisa significada e a cognição produzida na mente. E é a partir da relação do signo com o objeto que se determina ou se produz um interpretante ou, dado o processo de continuidade, um representamen que é o nome do objeto perceptível que serve como signo para o receptor. Este processo se designa como semiose e se caracteriza como um processo infinito[119], dada a produção de

---

[119] Assim, se alguém acreditar que um determinado objeto é uma colher, então a utilizará para levar alimentos à boca; mas, se for esse alguém chinês, por exemplo, e acreditar que se trata de uma pazinha, a

um interpretante que, por sua vez, é um signo ou representamen que produz um interpretante e assim por diante. (NÖTH. 1998. P. 66/68 e PINTO. 1995. P. 49)

Para CHARLES SANDERS PEIRCE, a semiótica se caracteriza pela designação de três aspectos, como a gramática, a lógica e a retórica; designações que foram substituídas, respectivamente, pela sintaxe, semântica e pragmática, na perspectiva de CHARLES MORRIS.

A gramática se denomina como um âmbito independente em que se concebe, pela relação ou conexão de signos, a tarefa de determinar o que deve ser verdadeiro quanto ao representamen utilizado, cujo objetivo é o de incorporar um significado qualquer. A lógica se denomina como o âmbito da semântica em que se concebe, pela relação ou conexão dos signos com os objetos, a perspectiva do que é quase necessariamente verdadeiro em relação ao representamen, cujo objetivo é o de aplicar-se a qualquer objeto; uma lógica que, a partir da unidade do diverso, compreende a teoria unificada da dedução, indução e retrodução, esta última como uma inferência hipotética ou abdução[120]. Já a retórica refere-se à eficácia da semiose, cujo objetivo é o de estabelecer os

---

utilizará para tratar de flores.

[120] O estabelecimento de uma ponte entre o mundo prático e o ideal. A opinião como uma possível verdade.

procedimentos para que um signo possa dar origem a outro signo. (PEIRCE. 1977. P. 45/46.)

A semiótica, que responde em muitos aspectos à práxis do pensamento e, principalmente, aos aspectos da argumentação primária e argumentação secundária, esta como pertencente a este âmbito, designa uma rigidez decrescente do pensamento ou argumentação, ou seja, da gramática à retórica, tal qual, da sintaxe à pragmática[121].

Para que possamos inteligir os diferentes aspectos da lógica, como um aspecto geral da semiótica, são imprescindível a delimitação das diferenças entre empirismo e pragmatismo[122]. Assentados ambos na noção de experiência, o empirismo e o pragmatismo se diferem pelo modo como entendem essa noção de experiência. Assim, enquanto o empirismo toma a experiência como experiência passada, ou seja, como um patrimônio limitado que pode ser inventariado e sistematizado de forma absoluta, o pragmatismo entende a experiência como abertura para o futuro, ou seja, como possibilidade de fundamentar a previsão, não

---

[121] Ver p. 158/159.

[122] Segundo a professora THEREZA CALVET DE MAGALHÃES, "uma teoria 'semiótica' do conhecimento (essa teoria, segundo a qual todo conhecimento é mediato, inferencial e articulado no tempo, envolve a rejeição não apenas de racionalismo cartesiano mas também do empirismo inglês)." (MAGALHÃES. 1998. P. 72)

em confronto com a experiência passada, mas em relação com o possível uso futuro dessa experiência passada. Trata-se de uma máxima pragmatista[123]. (PEIRCE. 1977. P. 225/227 e PINTO. 1995. P. 13)

Então, delimitada as diferenças entre empirismo e pragmatismo, para que possamos inteligir os diferentes aspectos da lógica, como um aspecto geral da semiótica, CHARLES SANDERS PEIRCE, dando uma resposta lógica ao problema da máxima pragmatista, ou seja, quanto a prova determinante de que os efeitos práticos de um conceito constituem a soma total do conceito, o mesmo afirma que o pragmatismo não é mais que uma questão de abdução. (PEIRCE. 1977. P. 227/229)

A máxima pragmatista como uma questão de retrodução ou lógica abdutiva tem por fundamento o juízo perceptivo como fonte do conhecimento. Os juízos perceptivos contêm elementos gerias, ou seja, embora os

---

[123] Ver nota 126, p. 164. Assim, se alguém acreditar que um determinado objeto é uma colher, então a utilizará para levar alimentos à boca; mas, se for esse alguém chinês, por exemplo, e acreditar que se trata de uma pazinha, a utilizará para tratar de flores. Portanto, e ao contrário do que pretendia Descartes, a clareza das idéias não resulta das idéias inatas, mas da aplicação de uma máxima pragmatista, como formulada por CHARLES SANDERS PEIRCE, ou seja, a idéia de um objeto é a idéia dos efeitos sensíveis que concebemos que esse objeto tem. A concepção de certos aspectos práticos do objeto constitui a nossa concepção do objeto.

juízos perceptivos sejam singulares, considerando o sujeito (p.ex. Este livro é ...), não deixam de envolver a generalidade, considerando o predicado (... preto), o que possibilita a dedução de proposições gerais, e, assim, a concepção, como apresentada, de juízo perceptivo, que é um juízo particular, ser suficiente para responder a indagação de como se passa deles para os juízos universais.

Sob uma outra perspectiva, para a questão posta acima, podemos, ainda, afirmar que é pela lógica abdutiva que a generalidade é introduzida nos juízos perceptivos, ou seja, na criação das premissas, como fundamento para a dedução, e das teorias, como fundamento para a indução.

Mais especificamente, sobre esta outra perspectiva, temos que a lógica tradicional ou silogismo formal concebe a distinção somente entre dedução, como uma inferência necessária que extrai uma conclusão já contida nas premissas, e indução, como uma inferência experimental que não consiste em descobrir ou criar algo de novo, mas, sim, em confirmar uma teoria através da experimentação. Daí, se a lógica tradicional só distingue dedução e indução, como se dá a criação das premissas e das teorias, como fundamentadoras, respectivamente, da dedução e da indução? Em resposta, CHARLES SANDERS PEIRCE, apresenta a retrodução ou lógica abdutiva que é uma inferência hipotética e, provando que algo pode ser, é o método que cria novas hipóteses esplicativas. (PEIRCE. 1977. P. 229/230)

A lógica abdutiva como inferência hipotética é tomada como uma lógica da descoberta, da invenção ou da criação, e, neste sentido, trata-se de um argumento que supõe que um termo, dada um certo número de caracteres a ele atribuído, pode ser predicado de qualquer objeto que possua aqueles caracteres; uma afirmação categórica de algo ainda não experimentado, observando, para tanto, a rigidez decrescente do pensamento ou argumentos, ou seja, da gramática à retórica ou da sintaxe à pragmática. (PINTO. 1995. P. 13)

A lógica tradicional, que só distingue dedução e indução, atribui à esta última, não só o caráter de experimentação, mas, também, o caráter de descobrimento, criação e invenção. No entanto, considerando a lógica indutiva, fundada no empirismo, e a lógica abdutiva, fundada no pragmatismo, dada a diferenciação posta por CHARLES SANDERS PEIRCE, podemos observar que o caráter de experimentação só cabe à indução (toma a experiência como experiência passada), ao passo que, o caráter de descobrimento, criação e invenção cabe, então, à abdução (toma a experiência como abertura para o futuro).

Neste sentido, o exemplo da saca de feijões dado por CHARLES SANDERS PEIRCE permite uma maior apreensão e inteligibilidade da questão posta acima, ou seja: Todos os feijões daquela saca são brancos. Esses feijões são daquela saca. Logo, esses feijões são brancos. (Dedução); Esses feijões são daquela saca. Esses feijões são brancos. Logo, todos os feijões daquela saca são brancos. (Indução); Todos os feijões daquela saca são brancos. Esses feijões são brancos. Logo, esses feijões são daquela saca. (Abdução). (PINTO. 1995. P. 13/14)

A partir do exemplo dado acima e segundo o professor JÚLIO PINTO, se pode observar que:

> "a abdução compartilha com a dedução o fato de ter a regra geral como premissa inicial (todos os feijões, etc). Entretanto, como a indução ela arrisca um palpite que pode dar errado. Olhada desta maneira, a abdução está, portanto, entre a indução e a abdução. Contudo, ela difere das duas também pela maior possibilidade de erro implícita na hipótese que ela lança, porque é fácil perceber como tanto a indução quanto a dedução estão baseadas na experiência." (...) "Dos tipos possíveis de inferência, portanto, a abdução constitui o único que se projeta para o futuro, já que tanto a dedução quanto a indução dizem do passado, do já conhecido, na medida em que se referem à experiência. Como palpites, os processos abdutivos podem levar a erros, mas a falibilidade de uma hipótese não quer dizer que a abdução seja um processo de ensaio e erro. Fundamentalmente, o que acontece é que uma hipótese é formulada com base na experiência, através da escolha de um

interpretante logicamente possível para os signos que se oferecem à observação." (PINTO. 1995. P. 13/14)

Assim, podemos inferir que a lógica abdutiva é um descobrimento, uma criação ou uma invenção bem fundamentada acerca de uma semiose qualquer, possibilitando, a partir da relação do signo com o objeto, a produção de um interpretante e, dada a infinitude do processo, um representamen que é outro signo (objeto perceptível pelo receptor) que produz um outro interpretante e assim por diante. E os juízos perceptivos, como já mencionado, um caso extremo de lógica abdutiva, pois, não se limitam a ser um mero dado.

Segundo a professora THEREZA CALVET DE MAGALHÃES sobre a uberdade da abdução:

"Para Peirce, essa interpretatividade do juízo perceptivo é apenas 'o caso extremo dos Juízos Abdutivos'. Os nossos juízos perceptivos – as primeira premissas de todo pensamento crítico e controlado – são um caso extremo das inferências abdutivas, das quais diferem por estar absolutamente além de toda crítica ('A sugestão abdutiva advém-nos como num lampejo. É um ato de insight, embora ... extremamente falível')." (...) "Os nossos juízos perceptivos são as primeiras premissas de todo pensamento crítico e controlado e ocupam, assim, um lugar privilegiado na ordem da investigação. O processo da investigação é considerado por Peirce como um processo de raciocínio, que vai da abdução, via dedução, à indução, e cujo objetivo é o de estabelecer uma crença verdadeira. A abdução – o primeiro estágio da investigação – consiste na invenção, seleção e consideração de uma hipótese. Na medida em que é 'o processo de formação de uma hipótese explanatória', a abdução 'é a única operação lógica que introduz uma idéia nova'. Esta forma de argumento não oferece segurança (a segurança quanto à sua verdade é baixa), mas sua uberdade (ou o seu valor em produtividade) é alta; a abdução 'simplesmente sugere que alguma coisa pode ser'." (MAGALHÃES. 1998. P. 75)

Assim, podemos afirmar que, o que é ausente na teoria de THEODOR VIEHWEG, ao considerar a pragmática e a dialógica como lógica operativa que formula a correção e a conclusão das inferência dentro da situação discursiva, é a referência à lógica abdutiva como elemento de conexão entre a argumentação primária e argumentação secundária ou entre lógica operativa e lógica apodítica ou, ainda, entre pragmática e o conjunto semântica e sintaxe, ou seja, a conexão entre a invenção comunicativa e os aspectos reflexivos que definem a dialógica.

5 CONCLUSÃO

Na argumentação, até então, desenvolvida, pôde-se observar que o raciocínio, principalmente o raciocínio jurídico, não é designado somente por um silogismo ou lógica formal, de cunho estritamente dedutivo. Trata-se, antes de tudo e dada a unidade do diverso, de uma sucessão de discursos apodíticos, dialéticos, retóricos e poéticos, que se traduz, desde a perspectiva socrática da maiêitica, em idas e vindas ou em destruição e construção, não necessariamente nesta ordem, para uma aproximação em relação a verdade. Neste sentido, segundo Sócrates, inteligindo o conhecimento e a sabedoria, é o movimento a causa de tudo o que devém e parece existir e o repouso o não-ser.

Mais precisamente, o raciocínio jurídico evidenciado como raciocínio dialético - em um sentido mais amplo e, portanto, erístico -, se se caracteriza por primar pela índole de suas premissas, pelas opiniões geralmente aceitas, acreditadas e verossímeis, se faz somente em razão de uma exigida ponderação e razoabilidade para realização e concretização do discurso, pois, a referência à todos ou à maior parte ou aos filósofos, sábios, notáveis ou eminentes, é uma referência à capacidade de abstração do homem relacionada às proposições que parecem se verdadeiras, em razão da mencionada característica de ponderação e razoabilidade. Aristóteles assim o faz na restauração da opinião e a sua desvinculação do arquétipo da mera arbitrariedade.

Assim, a natureza do conhecimento jurídico, entre ciência e prudência, se distinguindo da sabedoria, pode inicialmente ser demarcada pelo fato de que são os homens a medida de todas as coisas, menos para o homem "inteligente" e que se caracteriza como aquele que mantém o movimento como causa de tudo o que devém e parece existir. Se assim é, o conhecimento não pode ser, então, nem sensação, nem opinião verdadeira, nem explicação racional acrescentada a essa opinião verdadeira, pois correria o risco do repouso.

Então, a princípio, podemos afirmar, ainda, que a racionalidade ou reta razão, que Aristóteles faz referência, não pode ser identificada com a sabedoria filosófica, portanto nem com a ciência e nem com a inteligência, e tampouco com a arte. A primeira é, por excelência, a virtude da razão teorética, portanto não relacionadas às coisas práticas, mas ao conhecimento dos entes necessários ou invariáveis e universais; a segunda, não pode ser esta racionalidade, pois, embora a virtude ética se situe no campo dos contingentes, não é referente à produção (arte), mas à ação, então, à *phrónesis*, ou seja, a sabedoria prática é, por excelência, a virtude da razão prática.

No entanto, não podemos caracterizar o que é diverso sem consideramos o todo, ou seja, se a alma racional, na perspectiva prática e teorética, é apenas uma como a alma é, por inteiro, no aspecto racional e irracional, o movimento e repouso, portanto, dada esta unidade do diverso, também o é. Para Aristóteles, a idéia de Movimento é o imprescindível elemento de conexão que une o diverso para a formação do todo.

No entanto, hoje, dado o desenvolvimento contemporâneo da lógica, da teoria da comunicação, da teoria linguística etc., devemos buscar o elemento correspondente de conexão entre o que é necessário e invariável e o que é contingente e variável, ambos com o objetivo da apreensão da verdade, e que possa, esse elemento, remontar a ideia de movimento em Aristóteles. Este elemento se mostrará ao final desta conclusão como sendo a lógica abdutiva de Charle Sandres Peirce, dada uma emersão nas teorias de Theorodor Viehweg e Chaïm Perelman.

De fato, Theodor Viehweg e Chaïm Perelman constroem suas teorias valendo-se de uma distinção fundamental da filosofia aristotélica, ou seja, a partir da dessemelhança entre verdade e opinião que dá forma ao pensamento teórico e prático e assegura ao predicado da racionalidade, próprio do homem, os instrumentos poderosos e decisivos para que ele possa, por sua vez, modelar o mundo segundo as exigências da razão.

No entanto, só a consideração possível de um todo que possa abranger quatro partes diversas desde a sugestão poética até a demonstração rigorosa e apodítica em uma escala de credibilidade, ou seja, a diferença entre o discurso apodítico (demonstrativo) , o discurso dialético (provável), o discurso retórico (verossímil) e o discurso poético (possível), não se tratando de uma hierarquia de valores ou de uma forma progressiva de erro ou de conhecimento deficiente, mas, sim, de quatro modelos de discurso, raciocínio ou argumento, que apresentam uma diferença de funções articuladas entre si e, portanto, imprescindíveis, cada uma, à construção do conhecimento, é que se é possível, a partir de Theodor Viehweg e Chaïm Perelman, imergir na busca da lógica abdutiva como o elemento de conexão entre o que é necessário e invariável e o que é contingente e variável, ou, mais precisamente, entre uma invenção comunicativa e os aspectos reflexivos que definem a dialógica em Theodor Viehweg.

Este "a partir de" se dá porque, para Theodor Viehweg e Chaïm Perelman, a modalidade de discurso lógico está relacionada a uma racionalidade teorética, voltada para o conhecimento do que é necessário e invariável, aqueles que não podem ser de outra maneira, e, buscando uma prova plena, realiza raciocínios a partir de um procedimento absolutamente demonstrativo. Já a modalidade de discurso dialético ou racionalidade prática, por sua vez, se volta para o que é contingente e variável, aqueles que podem ser de outra maneira. Assim, não aprofundam na consideração possível de um todo que possa abranger quatro partes diversas desde a sugestão poética até a demonstração rigorosa e apodítica em uma escala de credibilidade.

Como o Direito é um fenômeno prático e contingente, e, por conseguinte, marcado por discussões argumentativas, não pode ser abarcado por uma racionalidade demonstrativa ou um discurso lógico. Daí o recurso de Viehweg e Perelman aos tópicos de Aristóteles, o que não implica dizer que a tópica de Theodor Viehweg seja a tópica aristotélica.

Aristóteles tomando como ponto de partida ou princípio primeiro a unidade do diverso, cujo fundamento, para ele, se encontra na contemplação dos organismos vivos, e, por conseguinte, afirmando que não é o conhecimento que segue os modelos da linguagem, mas, sim, esta que se apresenta segundo àquele, toma a metáfora da linha como base fundamental para o que Olavo de Carvalho designa teoria dos quatros discursos. Nesta perspectiva, pode-se observar Aristóteles demonstrando as primeiras linhas de uma teoria semiótica.

Theodor Viehweg traça o caráter tópico do raciocínio jurídico como uma técnica de pensar por problemas que, a partir da análise da Tópica Aristotélica e da Tópica Ciceroniana, e dado o contexto da modernidade, é construído a partir da conciliação, proposta por Gianbattista Vico, entre o método filosófico antigo (retórico ou tópico) e moderno (crítico cartesiano) e atualizado pelos instrumentos contemporâneos da lógica, da teoria da comunicação, da linguística etc.. Logo, o caráter tópico do raciocínio jurídico para VIEHWEG, mais do que uma perspectiva Pós-Positivista, é poder conhecer ou buscar a natureza do conhecimento jurídico na concepção restritiva de ciência em oposição à noção de prudência.

Da inteligibilidade das teorias de THEODOR VIEHWEG e CHAÏM PERELMAN, destacam-se duas diretrizes que convergem como perspectiva crítica e como perspectiva construtiva, ambas com fundamento na linguística – um paralelo com a perspectiva socrática da maiêutica, de destruição e construção para uma aproximação em relação a verdade -. Na perspectiva crítica, tanto a tópica de Viehweg quanto a "nova retórica" perelmaniana tomam como pressuposto a crítica ao logicismo jurídico, à lógica formal aplicada ao raciocínio jurídico ou, simplesmente, à teoria do silogismo jurídico. Na perspectiva construtiva com fundamento na linguística, ambas as teorias de argumentação dialético-retórica propõem a compreensão do raciocínio jurídico e, a princípio, a inteligibilidade da natureza desse conhecimento entre ciência e prudência, tomando a lingüística como instrumento de comunicação e ação.

A convergência de ambas as diretrizes propostas, na perspectiva crítica e na perspectiva construtiva com fundamento na linguística, podem ser reduzidas às investigações crítico-linguísticas e neo-retóricas se considerarmos a retomada de ARISTÓTELES e o princípio da sucessão dos discursos apodíctico, dialético, retórico e poético, na perspectiva da unidade do diverso, ou seja, a consideração possível de um todo que possa abranger quatro partes diversas desde a sugestão poética até a demonstração rigorosa e apodítica em uma escala de credibilidade.

Esta retomada de ARISTÓTELES impõe aquilo que tanto a teoria de THEODOR VIEHWEG quanto a teoria de CHAÏM PERELMAN também não conceberam, ou seja, uma distinção entre o discurso ou raciocínio *apodíctico* ou demonstrativo e o discurso ou raciocínio analítico, por ser o primeiro uma espécie do segundo, ou seja, que se diferencia, não pela forma, mas, pelo conteúdo (verdadeiro ou falso) das premissas empregadas.

Trata-se, portanto, de teorias semelhantes e, até mesmo, complementares, as teorias de Theodor Viehweg e Chaïm Perelman, principalmente no que tange ao resgate da perspectiva dialético-retórica. Nesta perspectiva, o recurso aos tópicos, a partir da tópica de THEODOR VIEHWEG, só tem sentido na medida em que esses, assim denominados, lugares-comuns se referem a específicos auditórios. Do mesmo modo e as avessas, estes determinados auditórios, na perspectiva da "nova retórica" de CHAÏM PERELMAN, só têm sentido na medida em que o estudo dos argumentos e técnicas discursivas, como uma possibilidade contida no conceito de topói, tem por objetivo a provocação e a intensificação da adesão deste auditório às teses que são sempre formuladas e apresentadas em uma linguagem particular, natural ou técnica.

Considerando, ainda, a unidade na ciência do direito e a diferença quanto a estrutura e função das formas de pensamento dogmático e zetético esboçados por Theodor Viehweg, podemos observar que, em uma perspectiva diferenciada da unidade do diverso, na praxis, ambas as formas de pensamento estão entrelaçadas, ao passo que, na teoria, ambas as formas permanecem separadas. E, para além dessas diferenciações, devemos considerar, também, que a primeira forma de pensamento pode ser facilmente transformada na segunda forma de pensamento, e esta na primeira, ou seja, basta questionar uma proposição que até o momento era inquestionável ou declarar inquestionável uma proposição que até o momento era questionável; trata-se da desdogmatização e da dogmatização, respecitvamente.

Assim, para podermos situar a tópica de THEODOR VIEHWEG a partir, não só da diferença entre as formas de pensamento dogmático e zetético, consideradas as perspectivas diferenciadas da unidade do diverso como forma de aprofundarmos na questão posta, como, também, do positivismo, do positivismo jurídico e do pós-positivismo, é que podemos considerar: a tópica, na perspectiva prática, está para a dogmática, assim como a ciência (analítica), na perspectiva teórica, está para a zetética; ou, a tópica, na perspectiva teórica, está para a zetética, assim como a ciência (analítica), na perspectiva prática, está para a dogmática. O que nos leva para o desenvolvimento da tópica como dialógica e pragmática lingüística.

Para Theodor Viehweg, a relação tópica e jurisprudência não é a cognoscência da tópica como definidora da jurisprudência (ciência do direito) que, na perspectiva filosófica, trata de criticar ou questionar a dogmática, mas, sim, de uma jurisprudência que, dada a distinção entre dogmática e zetética, pautada pela relação entre ciência e prudência, abarca tanto a perspectiva de uma lógica operativa (techné) quanto a perspectiva de uma lógica científica (episteme). Daí, partindo da premissa de que o raciocínio zetético integra a jurisprudência ou raciocínio jurisprudencial (ciência do direito), podermos afirmar que a jurisprudência não se esgota na tópica de Viehweg.

E, dada a importância desse aparato investigativo crítico-linguístico, é que, recorrendo a CHARLES SANDERS PEIRCE e CHARLES MORRIS, podemos inteligir a uberdade da lógica abdutiva como intrínseca à uma consideração possível de um todo que possa abranger quatro partes diversas desde a sugestão poética até a demonstração rigorosa e apodítica em uma escala de credibilidade, ou seja, o princípio da sucessão dos discursos apodíctico, dialético, retórico e poético, na perspectiva da unidade do diverso ou discurso, e como fundamentação de uma teoria retórica da argumentação em THEODOR VIEHWEG.

Assim, uma reflexão semiótica, deflagrada com a tópica de Theodor Viehweg, dada a relação de reciprocidade e convergência entre retórica e pragmática lingüística, responde em todos os aspectos, a práxis do pensamento ou da argumentação primária na busca de uma fundamentação completa que é determinada por ações linguísticas, e determina a possibilidade na aspiração de renovados interesses e pontos de vista.

E, só o fato de Theodor Viehweg, para a inteligibilidade de uma fundamentação completa e determinada por ações linguísticas, nos levar à uma reflexão semiótica, cujos aspectos conceituais são a sintaxe, a semântica e a pragmática, na perspectiva de Charles Morris, nos possibilita, dadas essas designações, chegar à Charles Sanders Peirce e, por conseguinte, conhecer as designações conceituais que deram origem àquelas, ou seja, a gramática, a lógica e a retórica. Daí a relação de reciprocidade e convergência entre retórica e pragmática e, por conseguinte, o alcance da lógica abdutiva como elemento de conexão entre retórica e lógica ou entre pragmática e semântica, e como inferência hipotética é uma lógica da descoberta, da invenção ou da criação.

A lógica abdutiva designa a devolução da lógica ao contesto retórico no qual foi originada e, neste sentido, é que podemos inteligir uma convergência com a filosofia aristotélica na consideração possível de um todo que possa abranger quatro partes diversas desde a sugestão poética até a demonstração rigorosa e apodítica em uma escala de credibilidade.

De tudo, pudemos identificar que, o que é ausente na teoria de THEODOR VIEHWEG, ao considerar a pragmática e a dialógica como lógica operativa que formula a correção e a conclusão das inferência dentro da situação discursiva, é a referência à lógica abdutiva como elemento de conexão entre a argumentação primária e argumentação secundária ou entre lógica operativa e lógica apodítica ou, ainda, entre pragmática e o conjunto semântica e sintaxe, ou seja, a conexão entre a invenção comunicativa e os aspectos reflexivos que definem a dialógica.

Assim, em princípio, podemos inferir que a lógica abdutiva é um descobrimento, uma criação ou uma invenção bem fundamentada acerca de uma semiose qualquer, mesmo sendo esta semiose o raciocínio jurídico, pois, possibilita, a partir da relação do signo com o objeto, a produção de um interpretante ou uma decisão e, dada a infinitude do processo, um representamen ou parâmetro para futuras decisões que é outro signo (objeto perceptível pelo receptor), diferente do primeiro, que produz um outro interpretante ou outra decisão e assim por diante.

REFERÊNCIAS

ABBAGNANO, Nicola. **Dicionário de Filosofia**. Tradução da 1º edição brasileira coordenada e revista por Alfredo Bosi. Revisão da tradução e tradução de novos textos Ivone Castilho Benedetti. São Paulo: Editora Martins Fontes, 2003.

ABBAGNANO, Nicola. **História da filosofia**. Lisboa: Editorial Presença, Vol. XIII, 2003.

AGUILLAR, Fernando Herren. **Metodologia da ciência do direito**. São Paulo: Max Limonad, 2. ed. 1999.

ARENDT, Hannah. **A condição Humana**. São Paulo: Forense Universitária. 10º edição. 2002.

ARISTÓTELES. **Tópicos**. Tradução de Leonel Vallandro e Gerd Bornheim da versão inglesa de W. A. Pickard - Cambridge. São Paulo: Victor Civita (Abril Cultural), 1973. Coleção: Os Pensadores.

ARISTÓTELES. **Poética**. Tradução, prefácio, introdução, comentário e apêndices de Eduardo de Souza. Lisboa: Editora Imprensa Nacional Casa da Moeda. 7º edição. 1998.

ARISTÓTELES. **Retórica**. Introdução e tradução de Manuel Alexandre Júnior. Lisboa: Editora Imprensa Nacional Casa da Moeda. 7º edição. 2003.

ARISTÓTELES. **Ética a Nicômacos**. Tradução de Mário da Gama Kury. Brasília: Editora UNB. 3º edição. 2003.

ASSIS, Olney Queiroz. **Interpretação do direito: estilo tópico-retórico X Método sistemático-dedutivo**. São Paulo: Editora Lúmen, 1994.

ATIENZA, Manuel. **As razões do direito. Teorias da argumentação jurídica**. São Paulo: Landy, 2000.

BITTAR, Eduardo C. Bianca. **Curso de Filosofia Aristotélica**. São Paulo: Manole, 2003.

CARVALHO, Olavo de. **Aristóteles em nova perspectiva**. Rio de Janeiro: Topbooks editora e distribuidora de livros ltda, 1996.

CANTO-SPERBER, Monique (Organizadora). **Dicionário de Ética e Filosofia Moral**. Tradução de Ana Maria Ribeiro Althoff, Magda frança Lopes, Maria Vitória Kessler de Sá brito, Paulo Neves. Vol. 01 e 02, Rio Grande do Sul: Editora UNISINOS, 2003.

DESCARTES. **Discurso de método: para bem conduzir a própria razão e procurar a verdade nas ciências.** São Paulo: Editora Paulus, 2002.

FEYERABEND, Paul. **Contra o método**. Tradução de Octanny S. da Mota e Leônidas Hegenberg. Rio de Janeiro: Livraria Francisco Alves editora S.A., 1977.

FERRAZ JR., Tércio Sampaio. **Função Social da Dogmática Jurídica.** São Paulo. Revista dos Tribunais, 1980.

FERRAZ JR., Tércio Sampaio. **Direito, retórica e comunicação**. 2. ed. São Paulo: Saraiva, 1997.

FERRAZ JR., Tércio Sampaio. **Introdução ao estudo do direito. Técnica, decisão, dominação**. 4º edição. São Paulo: Editora Atlas, 2003.

FILHO, Willis Santiago Guerra. **Autopoiese do direito na sociedade pós-moderna.**

Introdução à uma teoria social sistêmica. Porto Alegre: Livraria do advogado, 1997.

GALUPPO, Marcelo Campos. **A virtude da justiça**. Extensão PUC Minas. Belo Horizonte: v. 10 – 11, p. 67 a 78, 2001.

GALUPPO, Marcelo Campos. **Da idéia a defesa. Monografias e teses jurídicas**. Belo Horizonte: Mandamentos, 2003.

GALLUPO, Marcelo Campos. **Os princípios jurídicos no Estado Democrático de Direito: ensaio sobre o modo de sua aplicação.** Revista da Faculdade Mineira de Direito, Belo Horizonte, v. 1, n. 2, 2º sem./1998.

GALUPPO, Marcelo. **Epistemologia jurídica entre o positivismo e o pós-positivismo.** Belo Horizonte: Mestrado em Direito da PUC Minas, [199-]. 07 páginas mimeografado.

GARCIA AMADO, Juan Antonio. **Tópica, derecho y método jurídico**. Doxa, nº 4, 1987, p. 161 – 187.

HÄBERLE, Peter. **Hermenêutica Constitucional. A sociedade aberta dos interpretes da constituição: contribuição para a interpretação pluralista e "procedimental" da constituição**. Tradução de Gilmar Ferreira Mendes.Porto Alegre: Sérgio Antonio Fabris Editor, 1997.

HOBBES, Thomas. **Diálogo entre um filósofo e um jurista.** São Paulo: Landy, 2001.

JAPIASSÚ, Hilton e MARCONDES, Danilo. **Dicionário Básico de Filosofia**. 3º edição. Rio de Janeiro: Jorge Zahar Editor, 2001.

KELSEN, Hans. **Teoria Geral das Normas**. Tradução de José Florentino Duarte. Porto Alegre: Sérgio Antonio Fabris Editor. 1986.

KUHN, Thomas S. **As estruturas das revoluções científicas**. Tradução de Beatriz e Nelson Boeira. São Paulo: Perspectiva, 1994.

LIMA VAZ, Henrique C. **Antropologia Filosófica I.** São Paulo: Edições Loyola, 6º edição, 2001.

LIMA VAZ, Henrique C. **Escritos de Filosofia II**. São Paulo: Edições Loyola, 1993.
MAGALHÃES, Thereza Calvet de. **Sobre a percepção e a abdução: Charles S. Peirce e a uberdade da abdução.** Filosofia analítica, pragmatismo e ciência. Belo Horizonte: Editora UFMG, 1998. P. 71 a 80.

MATURANA, humberto R. e VARELA, Francisco J. **A Árvore do Conhecimento. As**

bases biológicas da compreensão humana.
2º Edição. São Paulo: Editora Pala Athena.
2002

MORA, José Ferrater. **Dicionário de Filosofia**. São Paulo: Martins Fontes, 2001.

NÖTH, Winfried. **Panorama da semiótica de Platão a Peirce.** São Paulo: Annablume. 1998.

PEIRCE, Charles Sanders. **Semiótica**. São Paulo: editora Perspectiva. 3º edição. 2003.

PINTO, Júlio. **1,2,3 da Semiótica**. Belo Horizonte: Editora da UFMG. 1995.

PERELMAN, Chaïm et OLBRECHTS-TYTECA, Lucie. **Tratado da Argumentação: A nova Retórica.** Tradução de Maria Ermantina Galvão G. Pereira. São Paulo: Martins Fontes, 2000.

PERELMAN, Chaïm. **Lógica jurídica**. São Paulo: Martins Fontes, 2000.

PLATÃO. **A República**. Tradução, introdução e notas de Maria Helena da Rocha Pereira. Lisboa: Fundação Calouste Gulbenkian, 9º edição, 1949.

PLATÃO. **Teeteto e Crátilo**. Tradução de Carlos Alberto Nunes. Belém: Editora e Gráfica Universitária (UFPA), 1988.

PLATÃO. **Diálogos**. Tradução de Jaime Bruna. São Paulo: Editora Cultrix, 2002.

REALE, Giovanni e ANTISERI, Dario. **História da Filosofia**. Vol. 1. São Paulo: Paulus, 2003.

RECASÉNS SICHES, Luis. **Experiencia jurídica, naturaleza de la cosa y Lógica "razonable"**. México: Fondo de Cultura Económica, 1971.

RUSSEL, Bertrand. **História do Pensamento Ocidental**. Rio de Janeiro: Ediouro, 4º edição, 2001.

SANTOS, Boaventura de Souza. **A crítica da razão indolente. Contra o desperdício da experiência**. 2º edição. São Paulo: Cortez editora, 2000.

SILVA, Antônio Marmo de Oliveira Agostinho. **Curso de matemática Moderna.** São Paulo. Editora Lisa S.A. 1990.

SCHOPENHAUER, Arthur. **Como vencer um debate sem precisar ter razão: em 38 estratagemas (dialética erística)**. Rio de Janeiro: Topbooks, 1997.

VIEHWEG, Theodor. **Tópica e Jurisprudência**. Coleção Pensamento Jurídico Contemporâneo, Vol. 01. Ministério da Justiça em co-edição com a Editora Universidade de Brasília, Brasília: Departamento de Imprensa Nacional, 1979.

VIEHWEG, Theodor. **Tópica y filosofía del derecho.** Barcelona: Gedisa, 1991.

ZINGANO, Marco. **Particularismo e universalismo na ética Aristotélica**. Revista Analytica. (A ética de Aristóteles e o destino de ontologia) Vol. 01, número 03, pág. 75 a 100, 1996.

WOLKMER, Antonio Carlos. **Introdução ao pensamento jurídico crítico.** 4º Edição. São Paulo: Editora Saraiva, 2002

NON DISTRIBUTIVO MEDII
Implicado com o PARADOXO DA CONFIRMAÇÃO

Uma questão costuma remontar a Jorgen Jorgensen (1937), que propôs um problema por ele denominado "quebra-cabeça". De acordo com Jorgensen, uma inferência prática como:

> Você deve manter as suas promessas.
> Essa é uma das suas promessas.
> Logo, você deve manter essa promessa.

é falaciosa ou carece de validade lógica. Logicamente, não é necessário que um sujeito qualquer que implica uma regra geral deva também implicar a aplicação particular dessa regra. Que isso se verifique ou não se verifique não implica, necessariamente, a regra geral, mas, sim, de fatos psicológicos, políticos etc. Não é raro que um sujeito implique uma assertiva qualquer como regra geral, mas evite a sua aplicação quando se vê implicado ou afetado. No entanto, se não examinamos bem, essa ideia é decididamente estranha, como é estranha a não distribuição do termo médio ou non distributivo medii por incorremos no paradoxo da confirmação descrito abaixo:

1. Se é verdade que todo corvo é preto.
2. Não é necessariamente verdade que todo preto é corvo.
3. Mas, é necessariamente verdade que todo não preto é não corvo.
4. Então, todo amarelo, que não é preto, do meu fusca amarelo, que não é corvo, confirma o fato de que todo corvo é preto.

Se a 3º assertiva é equivalente à 1º assertiva, então a 4º assertiva, que é uma hipótese [ou parte do todo] da 3º assertiva, é também equivalente à 1º assertiva.

Luiz Augusto lima de Ávila